PARÁBOLAS EVANGÉLICAS
à luz do Espiritismo

CAPÍTULO

III

Quem viaja por lugares desconhecidos, muito tempo, pode inquirir do caminho que leva ao ponto de seu destino; conhecido, porém, o caminho, rápida será a viagem, se de novo tiver de fazê-la. Foi o que aconteceu com minha extraordinária ascensão a Vênus: de um jato, fui aos limites da atmosfera da Terra. O planeta, todavia, já se achava bem longe do ponto em que eu o tinha deixado, já se perdia no horizonte visual para os lados do Ocidente e se apresentava como estrela, tal qual a vemos na Terra.

No ponto em que me achava, quando fui chamado ao corpo, só encontrei o excelso Espírito, cujas irradiações luminosas me trouxeram a lembrança da estrela que guiou os magos, sem dúvida, constituída por altíssimos Espíritos que receberam do Senhor aquela missão. E, pensando no caso, vieram-me estas ideias: os Espíritos, desde que se limpem das máculas da matéria, emitem luz, que se irradia mais intensa e mais longe, na proporção de seu progresso. É por isso que veem bem adiante do ponto em que se acham, uns mais que outros, e Deus, cuja irradiação abrange o espaço infinito, está em toda parte, como nos ensinam as Sagradas Escrituras.

Aproximei-me do Guia, com o recolhimento do verdadeiro crente que penetra o templo erguido pelos fiéis, no lugar do sacrifício do Homem-Deus, o Filho de Maria, Ungido do Senhor. Àquela aproximação, senti-me banhado em fluidos tão suaves e benignos que me produziam coisa semelhante ao fenômeno da transfiguração no Horto. O angélico Espírito leu meus pensamentos e, com inefável doçura, chamou-me e disse:

— Não há muralhas que separem os filhos do Senhor, porque não há quem os separe do Pai. As distâncias, que parecem abrir valas entre os bons e os maus, são de efêmera duração, porque, embora estes tenham a liberdade de resistir à atração do bem, a lei indefectível do progresso coage-os a reconhecerem o mal que se fazem e a desertarem do campo maldito, para, livremente, se alistarem entre os trabalhadores da seara bendita.

"É assim que os anjos já foram demônios e os demônios virão a ser anjos — prosseguiu o Guia —, porque uns e outros são filhos dos homens, passíveis, portanto, de serem atraídos, dominados, escravizados pela matéria e por todas as paixões carnais. Serão anjos, desde que progridam, desmaterializem-se e empreguem todas as suas forças no auxílio a seus irmãos mais fracos, na pura aspiração do bem. Todos, pois, sem exceção, mais cedo ou mais tarde, mais lenta ou mais rapidamente, chegarão a ver Deus. Tu te sentes pequeno à minha vista; mas conscientiza-te de que nós, os Espíritos mais adiantados do que tu, não nos sentimos maiores à vista do nosso sacrossanto irmão Jesus, o Redentor, a cujas plantas não temos merecimento para chegar nossos lábios. Ele mesmo, em sua divina humildade, considera-se um nada à vista do Pai supremo.

"Anima-te, filho amado, pelo conhecimento destas causas, que ainda são ocultas aos homens do teu planeta, e pela comparação do que és com o que foste. Muito te falta subir, infinita é a escada que tens de subir; mas vê quantos degraus já tens galgado."

Capítulo III

Lancei os olhos para cima e vi a escada simbólica penetrando o espaço, nublado ainda ao pé de mim, diáfano mais acima, luminoso além e sempre mais e mais, até ficar deslumbrante e eu não mais poder vê-la. Lancei os olhos para baixo e vi a escada simbólica mergulhada no espaço, nublado ao pé de mim, crepuscular mais abaixo, escuro além e sempre mais e mais, até ficar tenebroso esse espaço e eu não mais poder ver a escada.

— Já emergi das trevas! Já posso ver a luz!

Respondeu o egrégio varão:

— Já emergiste das trevas, mas vê o que foste e o que foi para comigo a Misericórdia Divina.

Imediatamente, como se mão invisível me tivesse arrancado dos olhos um véu, que não me permitia ver senão as coisas materiais, eu vi, com muita nitidez, um quadro, em que se desenhavam inúmeras cenas, de que eu sempre fora protagonista, e elas estavam em ordem cronológica invertida: as mais antigas, que se perdiam na noite dos tempos, estavam em primeiro lugar, e as mais recentes, algumas palpitantes, ainda da atualidade, estavam lá no fim da longa fila.

Que horror! Eu me vi nadando em mar de sangue, que minha feroz perversidade alimentava com as novas carnes que ia rasgando. Eu era o tigre, o chacal, a hiena, a serpente venenosa que povoava florestas e desertos das eras primevas. Era mil vezes pior que todas as feras juntas, porque estas derramam sangue para saciar a fome, e eu, para saciar ódios e vinganças; as feras não maltratam os de sua espécie, e eu rasgava o coração de meus irmãos como Nero, com o próprio ventre em que foi gerado.

Mais horrível foi o fim daquela existência, quando me feriu de morte o raio do Senhor e me conheci sem forças, sem poder, sem meios de saciar a sede do mal, que mais crescia quanto mais eu me atirava à voragem para saciá-la. Naquele momento supremo, um urro, um gemido partiu do meu peito, miserável antro de todos os vícios e paixões bestiais. Caí no báratro insondável do nada, eu que tivera o maior poder, que fora tudo, tudo na vida!

Recuava espavorido diante da horrenda perspectiva. Daria todo o meu poder para evitá-la, para continuar a viver, embora como vil desconhecido. O nada erguera-se à minha frente qual um espectro horripilante! O nada! Que luta contra o desfalecimento que precede a morte! As próprias feras fugiam aterrorizadas com os meus brados e criatura humana alguma arriscar-se-ia a trazer-me uma palavra de ânimo. Só os negros abutres volteavam em torno de mim, atraídos pelo cheiro da carniça. Urrei, estrebuchei, debati-me até que, sentindo faltar-me a vista e sumir-se a voz, cerrei os dentes, afilei os lábios e soprei palavras de maldição, a mais horrorosa blasfêmia que já queimou os lábios humanos: *Talis vita, finis ita!*[3] Mais terrível foi o despertar daquele pesadelo. Digo despertar por não encontrar nas línguas terrenas o termo que melhor exprima aquele estado.

Imagine-se um desgraçado que tem, no cérebro, apenas fumaça, sem ideias, sem pensamentos, sem sentimentos, mas com a consciência de ser, de existir. Eis o que chamo de meu despertar de além-túmulo, o despertar de todo o que, só vivendo para a matéria, acaba convicto de que além desta vida nada mais existe, somente o nada. Eu revivi, mas nem quero dizer quantos séculos levei nesse indefinível estado. Certo dia, chegaram aos meus ouvidos sons confusos de vozes humanas, e, logo, meus olhos descerraram, e vi, ao

---

[3] Para tal vida, tal fim.

Capítulo III

longe, como a mil léguas, uma figura respeitável de velho, cuja fisionomia espelhava inefável bondade de coração.

— O que é isto, onde estou?

— Sou um Espírito e tu és outro — respondeu-me de lá o velho —, e estás no Espaço, que é o mundo dos Espíritos.

— Espírito! eu, Espírito? — E apalpando-me reconheci que não tinha mais o corpo carnal.

— Morri! Então, o homem sobrevive à morte? Não é reduzido ao nada? — Ia entregar-me às alegrias dessa sublime descoberta, quando legiões de Espíritos, que foram minhas vítimas na Terra, me assediaram furiosos.

Libertara-me da perturbação, mas entrara em dolorosa punição. Cada uma das minhas vítimas reclamava sua parte na vingança, e somente seu olhar valia por lâmina incandescida, que me trespassava como eu lhe havia trespassado o coração. Procurava fugir-lhes; porém mão invisível continha-me e oferecia-me à fúria da multidão.

Deixa, leitor, que eu de hoje, eu que te escrevo, que ainda me sinto comovido com o que vi, tenha um momento de resfôlego. Voltarei ao assunto.

CAPÍTULO IV

Salve, santíssima lei, que reges a evolução dos Espíritos!

Ver um ponto quase imperceptível crescer, até praticamente ocupar o universo; ver esse ponto incolor passar por uma quase infinita combinação de cores, até tomar a que escurece a brancura da neve; ver a ignorância nativa transformar-se na ciência da criação; ver ascorosas paixões cederem lugar a sublimadas virtudes; ver, enfim, a nojenta lagarta metamorfoseada em leve borboleta de asas iriadas, tudo isso, que é obra da sublime lei, é motivo para se erguer o pensamento aos pés do Supremo Criador e Regedor dos mundos, em êxtase de amor e de reconhecimento.

— Já emergi das trevas! — exclamei, quando, olhando para baixo, me reconheci nos degraus mais ínfimos da escalada. Foi lá que vivi aquela existência horrorosa, com uma morte tremenda, um viver sem consciência depois da morte, as agonias cruciantes que me causava a presença de minhas vítimas a pedirem, num regougar infernal, vingança, justiça!

— Há, então, responsabilidade?! — exclamei.

E a voz do ancião, sonora como se partisse de uma harpa angélica, chegou a meus ouvidos bem distintamente: — A liberdade tem por complemento necessário a responsabilidade, e a moral, iniludível sanção.

"Quem torna efetiva a responsabilidade e a sanção da moral?", perguntei em pensamento.
— Aquele que é criador e soberano dos mundos: Deus.
— Deus! pois também tu me falas desse mito?
— Mito? Também tinhas por abusão a vida eterna e acreditavas que, depois da morte, só o nada, mas eis-te em face de tuas vítimas, eis-te vivo e subjugado por elas.

É um fato, pensei: morri e estou vivo, estou sofrendo as consequências de minhas perversidades, que quero evitar e não posso. Há, então, um poder maior que o meu, um poder que não se vê, mas pode sentir-se, um poder que, só por ato de sua vontade, torna efetivas a responsabilidade dos homens e a sanção da moral. Negá-lo seria resistir à evidência. Sinto-o e vejo-me pequeno e culpado diante dele.

A esses pensamentos, operou-se em mim uma completa revolução. Olhando em torno, achei-me isolado de meus algozes, minhas vítimas e, estendendo a vista, oh! surpresa! vi, caminhando para mim, o ancião.

Num assomo de alegre delírio, bradei:
— Vem, vem, Espírito bem-aventurado, vem romper as trevas que me envolvem, vem abrir-me os olhos à luz da verdade. — Com lágrimas nos olhos e a expressão do pai que vai abraçar o filho que teve por perdido, o ancião rompeu o círculo de minhas vítimas, distribuindo a todas piedosos sorrisos, até chegar a mim.

— Crês em Deus? — perguntou-me como a mãe perguntaria ao terno filho.

— Sim — respondi —, porque me reconheço imortal e compreendo que não posso ter criado a mim mesmo nem posso eu ser obra do acaso, da natureza, da matéria, que, também, são criaturas.

O ancião expandiu-se em celestiais alegrias e exclamou:
— Finalmente, depois de tantos séculos!

CAPÍTULO IV

Contou-me, então, como eu vinha encaminhando-me sempre para o mal, por meu livre-arbítrio, sem jamais erguer o pensamento à causa das causas e que assim vivi, durante milhares de séculos, progredindo somente pelo lado intelectual.

— Felizmente chegou o teu dia! — exclamou novamente.

— Mas — perguntei — Deus cria felizes como tu e desgraçados como eu?

— Deus é pai de amor infinito e de justiça indefectível — respondeu. — Cria a todos em iguais condições, dando-lhes meios iguais de progredirem, com a liberdade de o fazerem acelerada ou lentamente, e marca-os com o mesmo altíssimo destino. Mas, enquanto uns fazem bom uso da sua liberdade e chegam mais cedo, outros, que dessa sublime faculdade mau uso fazem, levam séculos e séculos para realizar seu progresso. Eu também — continuou — andei perdido como tu estás, porém, mais cedo, reconheci o falso caminho que tinha tomado e apliquei ao saber e ao bem todas as faculdades que recebi, em embrião, como os demais. Eis por que me vês hoje tão distinto de ti.

— Então — perguntei ainda — poderei, um dia, chegar a ser o que és, um Espírito feliz, um Espírito de luz?

— Sem dúvida, porque a lei do progresso é universal e universal é a salvação, porque Deus só espera que o ímpio se converta ao bem, para cobri-lo com sua misericórdia.

Aquelas palavras tinham a doçura do mel, o aroma das flores, os encantos da poesia. Caíam em mim como gotas de orvalho caem do céu sobre a planta murcha, quase extinta pelos raios abrasadores do sol canicular. Eu me prostrei dominado por um sentimento novo, de dor, mas não das que eu havia sentido no maior desespero. Era dor suavizada pela esperança, semelhante à do viajor dos desertos adustos, quando refrigerante brisa vem atenuar os causticantes vapores dos areais. Eu me prostrei, de mãos erguidas para o alto e de olhos volvidos para baixo, exclamando:

— Meu Deus! meu Deus! não me desampareis!

O ancião ergueu os olhos, como em êxtase, e, por sua vez, exclamou:

— Pai, acolhei o filho que vos procura!

Quando abri os olhos, minhas vítimas tinham desaparecido e minha vista já descortinava as estrelas do céu!

— Minhas vítimas? — perguntei.

— Atraíste a Misericórdia do Senhor, e ela desceu sobre ti e sobre elas, porque, enquanto perseguiam-te e pediam vingança, incorriam na sanção da lei moral. Teu arrependimento tocou-as, e elas tiveram o que tiveste: misericórdia.

— Santa lei do perdão!

— Santa, sim, porque nunca falta ao que se arrepende.

— E o que não se arrepende?

— Sofre, como sofreste até hoje, a pena de seu endurecimento.

Parecia-me simples, claro, razoável, intuitivo tudo aquilo!

— Mas tu, bom amigo, que tanto bem me fizeste, quem és e por que me apareceste no meio das trevas que me envolviam?

— Sou teu Guia, Espírito preposto para ajudar-te nos bons intuitos, que é somente quando nos aproximamos dos nossos guardados, cuja liberdade não podemos contrariar, e apareci-te porque tuas dores te fizeram, um instante, vacilar em teu endurecimento.

— Abençoados sofrimentos!

— Sim, eles são sempre benditos, porque são o fruto amargo que cura os males do Espírito. É pela dor que reconhecemos a nossa fraca condição e é por ela que resgatamos nossas faltas.

CAPÍTULO IV

— Resgatamos nossas faltas? Eu já resgatei as minhas?

— Não, a culpa macula a alma, que é livre do castigo pelo perdão, mas precisa lavar-se dela para subir até os eleitos do Senhor.

— Então?...

— Então, tens de encarnar, vais encarnar outra vez para confessares a Deus, a quem negaste, para confessares à vida eterna, a qual negaste, para sofreres o que fizeste sofrer. E, se levares tuas dores com resignação, por amor a Deus, terás como prêmio a felicidade eterna.

— Juro-te que não vacilarei, lembrando-me de quanto sofri por não agir assim.

— Deus o permita; mas, encarnando, perdes a lembrança do que foste, para teres plena liberdade de ação, a fim de que possas fazer mérito ou demérito.

— E se me esquecer da missão e reincidir no mal?

— Em vez do prêmio, receberás o castigo; porém só se esquece a esse ponto o que não tem uma vontade firme, uma força íntima a guiá-lo para o caminho por ele traçado, antes de encarnar. Os de tíbia resolução, por não terem verdadeira convicção de seus deveres, podem deixar-se arrastar pelas tentações, aqueles, todavia, vencem-nas.

— Oh! eu tenho essa convicção e essa resolução!

— Ali está, pois, um corpo sendo gerado nas condições apropriadas à tua expiação. Liga-te a ele, ajudar-te-ei nas lutas, e Deus abençoar-te-á.

— Uma agonia, pior que a da morte, porque me acicatava o temor de falhar, foi-se apossando de mim e crescendo, à medida que meu perispírito se ligava ao meu futuro corpo, até que a ligação foi completada.

— Adeus, meu bom amigo. Roga por mim. Ajuda-me.

CAPÍTULO V

Por momentos, fiquei estarrecido, tal o abalo que me causou a vista daquele quadro de uma de minhas existências passadas. Meu angélico Guia, reconhecendo-me a perturbação, falou-me, para arrancar-me ao horroroso pesadelo:

— Por que te abates, sabendo que já não és o que foste, embora ainda não sejas o que deves ser?

— Tens razão, meu bom amigo, devo a ti e a Deus já ser um homem em vez de uma fera, especialmente para mim que fui a principal vítima das minhas atrocidades. Mas, já que me permitiste ver aquele horrível quadro, satisfaze-me a curiosidade de saber como saí da prova que me foi cometida.

— A simples e vã curiosidade não atendemos, porque tudo o que é frívolo nos faz o efeito de um ridículo e grosseiro gracejo para o homem sério, grave e de elevada posição social. Tu, porém, não pedes a satisfação de uma curiosidade vã, senão a de um justo desejo de saber o que muito pode concorrer para teu adiantamento. Vou, portanto, mostrar-te o quadro de tua existência seguinte àquela que tanto te horrorizou. Olha, vê, estuda, e aprende.

Olhei e vi. Eu estava em Vênus e era criança, linda criancinha, no dizer das gentes daquele planeta; mas, a meus olhos, feia de causar asco.

— Que horrível criança! — exclamei. — E, no entanto vejo-a tão festejada!

— Por duas razões a festejam, meu filho: primeiro, porque é filha de um dos senhores da terra; segundo, porque, entre os feios, o menos feio é bonito. Quanto mais atrasado é um povo, tanto mais se avilta na adoração aos poderosos e aos argentários. Em teu planeta, aliás, muito mais adiantado do que Vênus, quantos se contam entre teus irmãos que honram o homem por seus reais merecimentos e que, consequentemente, não rendem homenagem à mais vil baixeza, uma vez que assente sobre um trono ou sobre um monte de ouro?

"Quando vires uma sociedade — continuou o Guia — colocar no fastígio o saber e a virtude ou, pelo menos, evitar os poderosos indignos e os ricos sem consciência de si, próximo estará de vir àquela gente o Reino do Senhor, que é o império da justiça e do amor. Todos os povos chegarão a essa superior condição. Embora o engodo das paixões arraste-os para fora do trilho que leva às alturas, com o tempo, será banido do seio da Humanidade. Não te admires, portanto, de te veres tão festejado por uma sociedade da qual teu pai era poderoso chefe, além do que, lá, entre a gente de feia catadura, tu eras realmente uma linda criancinha."

— Duas coisas intrigam-me — disse eu —: a tão grande diferença entre o homem da Terra e o de Vênus, embora sejam todos da espécie humana, e o desejo ardente que me acicatou ir àquele mundo.

— Eu te explico. Na Terra, o selvagem, o cafre[4] tem a perfeição escultural do civilizado, do caucasiano? Qual

---

[4] As considerações sobre o cafre e sobre o índio são características da época. O autor cita, mas contradiz a ideia de inferioridade em toda a obra. Registra a necessidade de educação, escolar e religiosa, a que escravos e índios não tinham acesso. Referências semelhantes são encontradas em outros romancistas da época, como por exemplo, Aluísio de Azevedo, em *O Mulato*.

a causa da diferença? A classe ou ordem dos Espíritos que encarnam em um e em outro meio. Os adiantados procuram um meio adiantado, salvo quando precisam castigar-se, e fabricam sua casa com melhor gosto e perfeição. Sabes de que casa falo. Os mais atrasados procuram um meio atrasado e fabricam sua casa tanto mais feia quanto mais o são. Ora, se observarmos a diferença entre as diversas raças que povoam a Terra, devemos compreender que, nos mundos habitados por seres humanos mais adiantados que os do teu globo, o tipo da beleza física deve ser muito superior, assim como nos mundos mais atrasados deve ser bem inferior, tanto mais quanto mais se afastarem da Terra e se aproximarem da origem da espécie humana.

"Sobre o teu desejo de visitar o planeta Vênus" — acrescentou Bartolomeu —, "dir-te-ei: é natural desejarmos ver os lugares onde passamos uma parte da existência e, muito mais, quando lá deixamos quem já nos encheu de amor o coração. O homem não sabe disso, mas o espírito sabe de tudo e é ele que anseia."

— Mas ainda tenho em Vênus entes que me foram caros?

— Nem todos fazem progresso igual, e, por estares aqui, não há razão para acreditares que devem ter subido contigo todos os que te foram e sempre te serão caros.

— Ah! já compreendendo. Foi o coração que me impeliu a fazer esta viagem.

— Sim, mas foste tu, enquanto espírito, que agitaste teu coração.

— Não compreendo teu dizer.

— Teu corpo é de matéria pertencente a este planeta e não tem, pois, relação alguma com o teu passado em Vênus; a relação está em ti, que é hoje o mesmo daquele tempo. Logo, só em espírito poderias desejar o que te moveu, o amor. Como o amor tem sede no coração, por esse órgão é que sentiste o desejo de saciá-lo. Examina o quadro que tens à vista e tudo te será claro.

Voltei ao quadro e vi o menino festejado já na adolescência e, nessa quadra da vida, bem morigerado, da morigeração de um povo verdadeiramente bárbaro como é o do planeta Vênus, comparável ao hebreu do tempo de Moisés. Tinha instintivo horror a sangue e, portanto, evitava sistematicamente as rixas, tanto quanto lhe eram repulsivas as guerras. Os homens consideravam-no poltrão, sem que deixassem, por isso, de cercá-lo de falsa adulação, sendo filho de quem era. Mas as mulheres fechavam os olhos a todos os seus defeitos e, talvez mesmo por eles, eram escravas de um simples olhar seu.

Certo dia, achando-se ele com o pai a correrem suas feitorias, foram ambos acometidos por quatro ladrões, cada um supondo ser homem bastante para esmagá-los juntos. O moço fez frente aos bandidos com tal energia e força de resistência que, em vez de ser esmagado, pôs em debandada a quadrilha, segurando um dos gigantes pelo gasganete e dando aos três, que lograram fugir, lição bem proveitosa. O pai, que, por estar doente, não entrou na luta e que partilhava a opinião geral, a de ser o filho um poltrão, foi surpreendido ao vê-lo manifestar a bravura de um leão e a calma de um consumado lutador.

— Por que não queres entrar nos jogos de lutas como fazem os outros moços? — perguntou-lhe o pai.

— Porque não preciso aprender a arte de bater-me, contentando-me com a força que tenho para defender-me.

A partir daí, todos mudaram de opinião a respeito do moço, que, em vez de poltrão, ficou tido por leão, em força

Capítulo V

e em coragem. Mas aquela explicação que se tornou pública, a de não querer aprender a arte de bater-se, deu origem a nova opinião a seu respeito: é valente, porém, maníaco; tem repugnância a causar dano, mesmo a um miserável.

No mundo em que a força bruta era a *suprema ratio*,[5] tão incongruente modo de pensar causava escândalo, embora não explodisse por ser ele quem era. O moço, porém, seguia impávido seu caminho, sem se incomodar com o juízo dos outros, só procurando estar bem com a consciência, uma voz íntima que lhe segredava: por aí, por ali. Tinha muitas fraquezas, muitos vícios, obras do meio, todavia, naquele ponto, era inquebrantável.

---

[5] Razão última, causa fundamental!

CAPÍTULO

VI

O meio influi sobre o moral, da mesma forma que o ar influi sobre o físico do homem: ar puro, órgãos robustecidos; meio moral são, sentimentos nobres.

Modificar sua natureza, fazendo-a superior, num ponto sequer, aos usos e costumes de seu tempo e de sua gente, é heroísmo que só têm os privilegiados. Mas, se estes não se dispuserem a viver em tais meios, como corrigirem-se usos e costumes atrasados, como realizar-se o progresso, o aperfeiçoamento humano?

Deus, por suas sábias leis, tem disposto que àqueles meios voltem Espíritos que se adiantaram no espaço, em processo de expiação, para progredir e, ao mesmo tempo, servir de exemplo a seus irmãos. É a virtude das reencarnações.

O moço a quem eu contemplava, e que tinha sido eu mesmo, não era isento dos vícios de sua rude sociedade, que, como ele, de um jato, não poderia limpar-se, purificar-se. Mas, embebido do sentimento da fraternidade, do amor ao próximo, que havia calcado aos pés em sua existência passada de tirano cruel, cumpria fielmente o pacto feito com seu anjo da guarda e plantava, no seio de sua gente, a semente bendita, que regava com o exemplo. Assim procedendo, escandalizou a muitos, outros, porém, vendo-lhe a firmeza e a alegria com que se manifestava, refletiram e sentiram que essa era a melhor maneira de ser. E estes foram arrastando a outros. Finalmente, uma opinião já se formara: a dos *fraternos*, contra o velho uso, e a dos *bestiais*.

Mais tarde, virão do Espaço os encarregados de exemplificar contra outros usos ferozes do povo brutal e, assim, *paulatim et gradatim*,[6] a lepra do barbarismo despegar-se-á daquele corpo social, que tomará uma nova forma, mais atraente e mais nobre, como sói acontecer a quem sobe um grau na escala do progresso.

Aquele moço já não era um maníaco para todos: era um vulto, um ser superior, um quase profeta para um grande número. Ele, porém, sempre indiferente ao juízo dos outros, nem se incomodava com os que o tinham por maníaco nem se orgulhava com os louvores dos que o tinham por mestre. Caminhava serenamente, obedecendo àquela voz íntima que lhe segredava: por aí... por ali.

Seu pai, chefe supremo daquelas regiões, amava-o como os brutos amam os filhos e, porque o amava, tinha grande pesar de vê-lo incapaz de assumir o governo de um povo, para quem a soberania é inseparável da tirania, associada à força bruta. Aquela resposta, no momento em que foram acometidos pelos ladrões, soava-lhe incessantemente aos ouvidos, dando-lhe a prova inequívoca da incapacidade do amado filho. Um dia, para experimentá-lo e para arrancá-lo àqueles sentimentos que o enveleciam a seus olhos, o pai conferiu-lhe o poder de julgar uma mulher que traíra seu homem, um dos maiores crimes do sexo fraco, na república venusina, onde se considera a mulher criada para o homem como o cavalo e o cão.

---

[6] Paulatinamente, gradativamente.

Capítulo VI

O julgamento seria em praça pública, e o povo do lugar estava amontoado ali, possesso de todas as fúrias contra a delinquente, cuja menor pena deveria ser a de morrer apedrejada. O moço proferiu as fórmulas, ouvindo a que já era condenada pela opinião pública. Um brado de indignação rompeu da multidão; mas, sem se conturbar, perguntou com sobrenatural majestade:

— Por que vociferais?

— Porque, em vez de atenderes a nosso juízo, dás a esta miserável a confiança de ouvi-la.

— Mas, então, o que vim eu fazer aqui: julgar esta mulher ou saber o que tendes julgado?

Ante aquela pergunta, ficaram interditos, e o moço fê-los sentir que a lei devia ser igual para todos e que nenhum dos que clamavam quereria ser julgado por ele sem lhe ouvir as razões de defesa, guiando-se unicamente pelo juízo das massas, quase sempre eivadas de paixões. Assim como a água penetra a dura rocha, a boa razão chega até o íntimo da alma, a mais obscurecida que seja. É o império da luz sobre as trevas.

Ninguém respondeu ao arrazoado do moço, que falava, ao mesmo tempo, à razão, ao coração e à consciência da multidão, embora rude, atrasada e quase animalizada. Os velhos derramavam lágrimas de despeito por verem quebradas suas tradições, apesar de confessarem, a si mesmos, que o moço tinha razão e plantava superior ordenança. Os jovens venusinos, sem dúvida, Espíritos mais adiantados, que reencarnaram para impulsionar aquela pesada máquina humana, sentiram como se faíscas de luz atravessassem-lhes o cérebro e falassem-lhes à consciência rudimentar; vozes que não eram do seu mundo, que os faziam recordar vagamente cenas de um mundo superior.

Diante do silêncio geral, o moço juiz, sempre sobranceiro e calmo, perguntou:
— Ainda condenais o meu procedimento?
— Não, porque é justo o que estabeleces — os velhos responderam chorando.
— Não — responderam os da nova geração, exultando de alegrias —; não, porque assim é que deve ser, o contrário seria prática bestial e não humana.

O pai do jovem julgador, já agora legislador, foi dos que repeliram e abraçaram, embora com pesar, a lei do moço. Deu-lhe a incumbência para afeiçoá-lo aos seus princípios e foi ele quem se rendeu aos princípios do filho. É mesmo assim: no choque do bem com o mal, da luz com as trevas, do progresso com a estagnação, sobrelevam, infalivelmente, as claridades do futuro às obscuridades do presente. Lei eterna e imutável: o homem, dominado por brutais paixões, pode odiar o virtuoso; nunca, porém, deixará de sentir por ele o respeito que impõe toda e qualquer superioridade.

Jugulada a fúria da populaça, que se transformara em plácida submissão ao princípio nunca imaginado em Vênus, o da igualdade perante a lei, que não pronuncia *veredictum* sem ouvir o acusado, o jovem príncipe deu a palavra à mulher, para que se defendesse.

Era de beleza deslumbrante (lá no mundo dela), tanto que, ao erguer os olhos, foi como se duas setas tivessem cravado o coração daquele de quem dependia sua vida ou sua morte. A magia de sua escultural beleza realçava, tanto mais quanto mais revolvia o íntimo da moça um sentimento que ninguém, no mundo, poderia sequer imaginar, e o príncipe, menos ainda, poderia adivinhar. Não era grato contentamento por ter o jovem feito uma exceção às usanças, nunca dantes preteridas pelos habitantes do seu mundo. Não era orgulho de ter sua individualidade servido de

Capítulo VI

motivo à nova lei, que elevaria aquela gente na escala do progresso. Era bem diverso o motivo — e ela mesma queria guardar para si o segredo daquele sentimento, tão irracional, desnaturado e monstruoso lhe parecia.

Em Vênus como na Índia, o povo dividia-se em classes, e as ligações sexuais não podiam, nem podem ainda hoje, dar-se senão entre filhos da mesma classe. A moça acusada pertencia a uma classe inferior e, no entanto, desgraça! miséria! sentia ardente paixão pelo moço nobre que era seu juiz.

CAPÍTULO

VII

Ao tomar conhecimento desse fato, esculpido no quadro que me era apresentado, senti um turbilhão de emoções, que me fizeram gemer de alegrias e de dores. Lembro-me, lembro-me agora, lembro-me perfeitamente!

— Eis quem te evoca e também te atrai, inconscientemente, com vigorosas vibrações da gama de todos os sentimentos amorosos — disse-me o venerando Guia.

— E pode-se, de um mundo, evocar quem está em outro mundo?

— O pensamento amoroso, meu filho, percorre o espaço infinito e até, se for ungido da fé e da humildade, pode subir às alturas infinitas, onde é o Sólio Sacratíssimo de Deus. Não foi só por teres sido evocado pelo Espírito que está em Vênus e que guarda, no escrínio de sua alma, a pura essência do amor que lhe inspiraste; não foi só pelos seus anelos que foste atraído, mas também pelo teu próprio desejo de satisfazer a chama latente do amor que lhe votaste; um fraco, porém, inextinguível reflexo desse laço divino que liga as humanidades entre si e todas as criaturas a seu Criador.

— O amor, então, é a suprema lei?

— E foi por isso que Jesus disse: toda a lei e os profetas se encerram nestes mandamentos: *amar a Deus sobre todas as coisas e ao próximo como a si mesmo*.[7]

---

[7] Mateus, 22:34 a 40.

— Mas, meu pai, Deus também aceitará o amor carnal?
— As finas essências são extraídas de grosseiras substâncias.
— Compreendo. O progresso em tudo.
— O progresso em tudo; pois seria incongruente que o homem carnal possuísse, em plenitude, o amor espiritual. Enquanto carnal, tem amor carnal; desde, porém, que chegue ao homem espiritual, ele transforma, essencializa o sentimento grosseiro no suavíssimo aroma que nele se continha.
— Nesse caso, aquele amor tão impuro em relação ao que hoje sinto...
— É o mesmo que hoje sentes, assim como és hoje o mesmo Espírito que eras então, salvo o adiantamento que tens tido. Continua, porém, o teu estudo.

Voltei a vista para o quadro que estava diante de mim e vi-me na posição de juiz, tendo, a meus pés, a mulher acusada. Hoje, eu a julgaria hediondamente feia; não sei por que processo, mas retroagi àquele tempo, e fiquei dominado por sua incomparável beleza, e senti tão profunda comoção ao encontro de nossos olhares assim como também ela sentiu.

— Sabes do que te acusam? — perguntei com a voz trêmula de emoção.
— Sei — respondeu, deixando cair de seus olhos um colar de pérolas líquidas.
— E o que tens a dizer em tua defesa?
— Nada, senão que receberei, como graça, a sentença de morte que me livre deste viver desgraçado.
— Queres, então, morrer?
— Oh! quem teve um sonho que lhe fez palpitar o coração em divinal cadência e, acordando, sentiu que um abismo o separa desse sonho, cuja posse lhe é condição de vida,

Capítulo VII

que aspiração pode ter senão acabar, acabar para não ser, dia e noite, torturado pela celestial visão?

— Tiveste, então, uma visão celestial?

— Sim, um sonho que me encheu de impossíveis e, ao mesmo tempo, apetecidos desejos.

— Mas que abismo é esse que te impede de saciares teus desejos?

— Não me perguntes... mas eu vou morrer e, portanto, não faz mal revelar o meu segredo, senhor. Certo dia, dia fatal, vi um belo moço, belo e bom, bom e adorado por todos. Sua imagem gravou-se em mim, de onde não há poder capaz de arrancá-la, e meu coração ficou repleto, desde aquele momento, de um amor que me domina por inteiro.

— Compreendo — disse o príncipe com aspereza, por saber que aquele coração já tinha dono. — Compreendo, mas o que não sei é como teu amor te faz desejar a morte, a não ser que foste repelida pelo moço que te é o objeto de afeição.

— Ele nunca soube e jamais saberá que o amo — respondeu a moça, de cabeça baixa e debulhada em lágrimas.

— Como, então, dizes que um abismo te separa dele?

— Sim, porque ele é da ordem superior e eu... eu sou de uma inferior.

O príncipe olhou para o céu e dirigiu-se à multidão, dizendo:

— Julgais que os filhos de uma ordem social se distinguem dos de outras como o cão se distingue do homem?

— Não — responderam a uma só voz —; mas é a lei que recebemos de nossos pais.

— É verdade e nós devemos respeitar os pais; porém, isso não nos obriga a eternizarmos os seus erros, quando, por honra deles, do nome que nos legaram, devemos melhorar suas obras. Entendeis que, sempre, devemos ser o que foram, porque o foram, em vez de sermos solícitos na procura de condições superiores para nós e para nossos filhos? A multidão guardou silêncio e ele continuou:

— Quem nos criou fez-nos iguais na essência, não distinguiu uns dos outros nem no nascimento nem na morte. Logo, as diferenças de ordens foram estabelecidas pelos homens, e o que o Criador dispõe não pode ser derrogado pela criatura. Só há uma distinção real de homem a homem: é a que resulta do merecimento. Se as ordens fossem instituições legítimas, que culpa teria alguém de nascer numa inferior e que glória seria a do que nascesse numa superior? Em sentimentos e ações, o da mais alta pode ser um vilão, e o da mais baixa, um fidalgo. Se fundadas fossem as diferenças, jamais brotaria no peito do filho de uma ordem o amor pelo filho de outra. E desde que tal fato se dá, é claro que a nossa natureza não conhece tais diferenças, pois elas são convencionais. Devemos ir contra a natureza, para não tocar no legado dos erros de nossos pais ou devemos ir com a natureza, retocando, melhorando, aperfeiçoando esse legado?

Uma explosão de aplausos rompeu da multidão, e o velho pai do moço juiz, acercando-se dele, exclamou bem alto:

— Este é enviado, e nós o julgamos maníaco; ele nos indica a luz, sigamos o caminho que nos mostra.

Assim como fizera consagrar a igualdade de todos perante a lei, conseguira o moço plantar, no seio daquela massa bruta, a lei da igualdade natural dos homens: duplo triunfo, conquistado em bem de sua missão expiatória, que recebera por intermédio de seu anjo da guarda. Naquele momento, eu o vi aureolado e, junto dele, aquele Espírito luminoso, alegre, que parecia estar diante de Deus.

O moço voltou-se, então, para a acusada e, sorridente, disse-lhe:

Capítulo VII

— Suprimi o abismo que te separava da tua visão; mas preciso sondar o que te separou do teu dever.
— Nada, Senhor, nada — exclamou a moça em delírio de alegria. — Contra minha vontade, meu pai deu-me a um homem, de quem sempre declarei não aceitar o senhorio. Quis forçar-me, eu fugi: eis o meu crime.
— É verdade? — perguntou o juiz ao pai e ao marido da moça.
Os dois acusadores ficaram confusos, menos pelo temor de mentir que pelo respeito devido ao julgador. Este absolveu a acusada e o povo, transformado de lobo em cordeiro, cobriu-o de aplausos.

CAPÍTULO

VIII

Um espírito novo fecundava a atmosfera moral de Vênus. Já se discutiam livremente os usos e as práticas das gerações passadas, já se lobrigava algo com intuitos mais doces, que despontavam nos horizontes daquelas almas, até então sepultadas nas trevas de grosseira bestialidade.

— É sempre assim — interrompeu o fio de minhas cogitações o angélico Bartolomeu dos Mártires. — O homem, em qualquer mundo, capaz de receber luz mais intensa é movido por esses intuitos. Um desgosto do que tem e um vago desejo de alcançar alguma coisa desconhecida invadem-lhe o ser. Debate-se consigo mesmo, descrê do que lhe foi convicção firme, certeza absoluta, artigo de fé inabalável. Muitas vezes, sequioso, atira-se para onde sussurra o vento, acreditando ser aquele o ruído de uma torrente e, assim, renegando os erros do passado, toma o caminho que o leva a novos erros. Não importa, pois o essencial é desencravar a pedra do eterno leito em que esteve engastada. Se, rolando dali, ela for ter a um abismo, do abismo será erguida, a fim de ser colocada no edifício que serve de templo à augusta verdade.

— Sei, meu pai, que a revelação de mais altas verdades é sempre feita na medida do progresso realizado, mas explica-me: como fui ali e, há tantos séculos, instrumento da

Divina Providência na obra do progresso e da regeneração daquele planeta, sendo eu, ainda hoje, um pobre Espírito em expiação?

— Ali, naquele tempo, tu eras entre todos o mais adiantado, embora teu adiantamento não fosse o bastante, para subires à mais humilde posição na Terra, onde hoje te achas.

— Percebo agora; porém como é que eu, estando em expiação de minhas faltas, fui investido da divina missão de fazer progredir um mundo?

— Em primeiro lugar, dir-te-ei que o condenado pelos mais torpes crimes, desde que se humilhe e sofra resignado a pena, dá a seus companheiros um bom exemplo de salvação, que nem avalias quão grande valor tem para ele e os outros. Em segundo lugar, a expiação bem desempenhada pode transformar-se em missão, a que chamarei missão expiatória, porque leva o bem aos outros e faz bem a si próprio. Tu, meu filho, fizeste, até o ponto em que te achas, uma perfeita expiação e foi por isso que mereceste a investidura de missionário.

Esclarecido sobre aqueles pontos que me intrigavam, volvi ao estudo.

Saindo do tribunal, o príncipe atravessou a multidão que o aclamava, sem, contudo, ver nem ouvir o que se passava ao redor. Vagava por mundos desconhecidos, procurando a fonte de um sentimento que o consumia como a lava de pavoroso vulcão. E procurava-o no alto por instinto natural, que leva o homem a procurar a sede do amor nas alturas, onde se acha a sua essência. A moça acusada foi quem lho destilara no coração, cuja beleza o cativara e cuja história o enchera de dúvidas.

Seu amor, embora mais purificado que o de todos os comundanos, não tinha, ainda, leveza bastante para elevar-se do solo, onde fora gerado, e transformar-se de carnal

Capítulo VIII

em espiritual. Era, pois, carnal e o fogo que acendia era, no fundo, mais ou menos verdadeira concupiscência. O Espírito que já divisava as iluminuras de uma existência superior, coisa em que não pensavam e ainda não pensam os habitantes de Vênus, procurava além, muito além, acorde àquela vaga intuição, o que não ascendera ainda do planeta e estava em sua própria carne. Saiu, pois, o moço, louco de desejos pela bela criatura que estivera a seus pés, mais louco, todavia, pela revelação que esta lhe fizera, a de amar perdidamente.

Quem era o feliz que se podia dizer dono daquela incomparável joia? Corresponderia, porventura, a tão precioso amor, que tudo, até a vida, queria sacrificar-lhe? Essas dúvidas perturbavam aquele Espírito, que tudo encarava com serenidade. "Louco eu fui", pensava o moço, "em suprimir o abismo que os separava. Agora serão felizes, e eu,... um desgraçado!"

Envolvido pelo pensamento de que o principal era devassar o mistério daquele odioso amor, recolheu-se a seu tugúrio, que outro nome não merecem as habitações em Vênus, ainda mesmo as de reis e de príncipes.

Um familiar seu, vendo-o tão transtornado como nunca fora, perguntou-lhe o acontecido. E o moço, porque o amor é expansivo, referiu-lhe o fato, revelando sentimentos brutais de acabar com seu rival, se tanto fosse mister, para possuir sua amada. Que extraordinário! Aquele homem sempre evitara cenas de sangue e, agora, estava disposto a derramá-lo! Suspendi, aterrado, o estudo que fazia e, voltando-me para o angélico Guia, perguntei:

— Pode-se retrogradar nas vias do progresso? Estou vendo que o moço, já tão distanciado dos sentimentos que o dominaram na existência passada, volta a eles.

— Ninguém retrograda — respondeu-me o Guia. — O

que pode acontecer, nesse caso, é reincidir o moço na falta passada e isto é o que constitui a prova: liberdade plena para repelir ou abraçar novamente a falta que determinou a expiação. Nunca, porém, o reincidente descerá abaixo do nível da sua condição moral, que se comprometeu a depurar. Logo, não retrocederá.

— Mas pode perder o esforço por melhorar?

— É condição da prova que veio realizar, no mais pleno gozo de seu livre-arbítrio.

— Meu Deus! se não fosse aquela mulher, talvez eu já estivesse livre das vidas de sofrimento!

— Não a acuses, porque ela não teve culpa do que fizeste. Acusa a ti somente, porque não tiveste força para vencer a tentação. O mal estava, ainda, em ti sob a casca do bem, e Deus, que o via, não te faria ascender, enquanto não o tivesses expelido. Foi-te oferecida a ocasião, e tu, em vez de dares a prova cabal, deixaste que ele rompesse a casca e dominasse tua vontade.

— Foi, então, a causa do meu atraso, do atraso em que me acho hoje?

— Certamente, mas não perdeste por completo aquela existência (*prova de que nunca se retrograda*), não só porque não atingiste o grau da tua antiga ferocidade, que te arrastou a fazer mal a teu semelhante por simples e infernal prazer, como também porque plantaste, no seio daquela Humanidade, a semente do bem que germinou, e isso foi levado a desconto de tua falta.

— Então, em cada existência, são-nos contados o bem e o mal que fazemos?

— Sim. E se, na balança da Eterna Justiça, mais pesar o bem, o Espírito será galardoado proporcionalmente, como será proporcionalmente castigado se mais pesar o mal.

Capítulo VIII

— Nada se perde! — exclamei.

— Nada, porque tanto a pena como o galardão servem de meio para a purificação do Espírito, que é toda a ambição do pai, a fim de admitir o filho à sacrossanta mesa, onde reparte, eternamente, o pão alvo da caridade com seus eleitos.

— Sim, tudo em justiça, e Justiça de Deus é amor e misericórdia.

— É a palavra da sabedoria: tudo em justiça.

CAPÍTULO IX

Foi com a mais sentida repugnância que volvi os olhos para o quadro que me era o objeto de estudo, uma página instrutiva do livro de meu longo passado. Tão grata me foi ela até ali, mas quanto constrangimento me causaria dali em diante, sabendo que terminaria por um desastre horroroso.

Quem lê um romance ou um drama e toma afeição a certos personagens, chegando ao ponto do enredo em que seus heróis vão ser vitimados, não prossegue na leitura e, se prosseguir, o faz sem o primitivo afã e até com pesaroso desgosto, ainda mais sendo o leitor o próprio herói que vai ser sacrificado. Cumpria-me, porém, continuar e eis-me sentado à mesa deste doloroso estudo.

O familiar do príncipe, apesar de ser-lhe sinceramente dedicado, era um Espírito grosseiro e atrasado, incapaz de compreender as sublimidades do amor ao próximo. E, pois, longe de acalmar a fúria de seu amigo, foi o primeiro a atear a fogueira.

— Se ao menos eu soubesse — disse o moço — onde encontrar aquele que me roubou a paz... E alguma coisa superior a paz!

— Eu sei — respondeu o familiar. — Eu a vi entrar, ao sair do tribunal, na casa de uma velha, onde, sem dúvida, se recolheu, fugindo do pai e do homem a quem este a dera.

— Tu sabes? Oh, fortuna! Guia-me para lá.

A Lua plácida e serena, mais clara lá do que aqui, na Terra, cujos raios faziam da noite o dia, já havia estendido seu manto sobre a que é para nós a estrela brilhante. No terreiro mal nivelado que rodeava uma espécie de gruta, feita de pedras sobrepostas, a que se dá, naquele mundo, o nome de casa, estava sentado sobre um banco de pedra bruta um vulto de mulher, que a gente do planeta qualificaria de anjo ou diva, e nós, da Terra, chamaríamos bruxa. De um e outro lado da gruta, sepultada em tumular silêncio, havia, em vez de árvores que defendessem o solo dos ardores do sol, montões de pedras, umas maiores, outras menores, em cujas frestas se aninhavam nojentos e venenosos répteis.

O príncipe com seu Guia, corajosamente, aproximaram-se de um daqueles esconderijos, ao mesmo tempo que o pai e o dono da moça chegavam do lado oposto. Lá estava ela sentada no banco de pedra rústica, conversando com a brilhante rainha do espaço, a que todos rendiam culto de adoração. Ela a que abalara o mundo, não havia muitas horas, e acendera o facho da destruição na alma do que a julgara e absolvera.

Durante muito tempo, esteve em muda contemplação, sem suspeitar que era observada, até que se ergueu de seu assento e, pondo as mãos no peito, dirigiu, com voz melodiosa, esta prece à diva do céu:

— Tu que penetras os segredos do coração humano, deusa poderosa, sabes que minha vida depende de que seja partilhado este amor insano que me devora. Tem de mim compaixão e faze com que ele me dê tanto amor quanto guardo em meu peito para dar-lhe. A ti devo, mãe soberana, não ter desfalecido para sempre, vendo-me arrastada aos pés dele, para receber-lhe dos lábios a sentença de morte.

Capítulo IX

Neste ponto da prece, foi surpreendida por um brado de loucura, vindo de um dos penhascos laterais. Aterrada, quis correr para sua gruta, julgando-se perseguida por inimigos. Não teve tempo, porém, de dar um passo, que braços fortes a envolveram e a suspenderam do solo.

Do outro penhasco, dois urros abafados perderam-se no espaço.

— Por piedade, não me roubem a vida, roubando-me o amor — gemeu a pobrezinha, crente de estar presa nas garras de cruel inimigo.

— Ninguém te roubará a vida enquanto vivo eu for — disse meigamente o que a tinha entre os braços.

— Príncipe! para que vieste roubar-me o segredo do coração que só a Lua conhece?

— Para poder eu também viver, anjo de beleza; porque, sem teu amor, a vida ser-me-á o mais cruel dos suplícios.

— É, então, verdade que me amas?!

— Oh! eu te amo com a violência do mar em fúria, do vento em furacão, do vulcão em ebulição!

— Graças, mãe soberana!

E assim falando, a moça reclinou a fronte, brandamente, sobre o peito de seu amado, pronunciando, com tanta meiguice e carinho, estas palavras, que o moço príncipe se viu transportado ao reino maravilhoso dos seus deuses:

— Sou tua, és meu, como somos felizes!

— És minha, sou teu — respondeu docemente o moço —, vamos ser felizes.

Uma gargalhada satânica, semelhante ao ruído do cedro anoso que é rachado ao meio pelo furacão, encheu o espaço e fez tremerem os dois amantes.

— Não é nada — disse o príncipe, recobrando a calma —; é a ave da noite que sai à caça.

— Não, meu caro, aquilo foi voz humana, explosão de raiva e desespero.

— E que fosse? que receio podemos ter da raiva e do desespero de quem quer que seja?

— Mas eu, príncipe, estou exangue e sinto correr, por todo o corpo, um frio de morte.

— Cobre ânimo, não te assustes, estou a teu lado.

— Sim, mas tu deixar-me-ás e eu não sei o que será de mim.

— Tranquiliza-te. Mesmo ausente, defende-te contra tudo o que possa vir dos homens a minha proteção. Toma o meu anel, símbolo da nossa união.

Em Vênus, o casamento consiste no mútuo acordo entre os nubentes, confirmado pela dádiva do anel do noivo à noiva. A bela moça sentiu-se, pois, reviver, recebendo o anel símbolo de sua união com o príncipe, acatado, venerado, adorado por todos. O que pode recear a mulher do mais poderoso dos mortais? Restabelecida do susto, desfez-se em amorosas carícias, que foram retribuídas centuplicadamente.

Já começava a Lua a esconder seu disco nas escuras cortinas do Ocidente, ao tempo em que despontava, no lado oposto, a luz fagueira do astro do dia, quando os dois amantes, ora esposos, muito a custo, se desprenderam, para seguir o príncipe as suas ocupações.

— Aqui serei todos os dias, ao escurecer — disse o moço —, até que tenha disposto tudo para seres recebida na casa de meu pai.

— Apressa esse dia, meu amigo; porque, até lá, doloroso será meu viver, apesar de todas as seguranças que me dás. Oh! aquela risada ou piado agoureiro soou-me indelevelmente aos ouvidos como um choro por finado.

Capítulo IX

— És tímida, tens muito sofrido em virtude dos que te perseguiram, e aí está a razão do teu receio. Tua posição, porém, mudou; e, hoje, não és mais a moça desprotegida, és minha esposa.

— Sim, sim; porém apressa o momento de eu sair deste esconderijo.

— Pois bem: hoje mesmo, quando voltar, já terei preparado para teu descanso outro pouso, onde possas dar ao amor todos os teus pensamentos.

— Oh! eu te bendigo por essa resolução, que me dá ânimo mais do que tudo!

O príncipe beijou-a e partiu tranquilo.

CAPÍTULO

X

Por simples coincidência, mas de conformidade com as leis que regem os mundos, naquele dia, à hora em que o Sol nascia para Vênus, nascia igualmente para a Terra. Refiro-me ao quadro que me foi dado para estudo e à hora em que o príncipe deixara o *thalab* nupcial para ir servir a seu amor. A coincidência foi que ele saiu à aproximação da luz do dia, e eu achava-me precisamente à hora em que começa a raiar para a Terra aquela luz. Meu Guia, voltando-se para mim, disse:

— Vai começar o dia para os da Terra, em teu hemisfério. Suspende o estudo e corre a teu corpo, até que venha a noite e possas novamente deixá-lo. Esperar-te-ei aqui.

Naquele momento, despertei ao lado de minha mulher e rodeado de meus adorados filhinhos, que já faziam as suas costumeiras gralhadas, como exórdio do longo saltitar de todo dia. Um quadro vivo de amoroso enleio, seguido de outro não menos arrebatador. Um instante apenas e, no entanto, separavam-nos bem longos séculos. Eu fazia o elo, pois sou hoje o mesmo daquela época. Eu, o pobre mortal de agora, era o poderoso príncipe do planeta Vênus; mas não troco minha insignificância daqui pela proeminência de lá.

Meus pensamentos, meus sentimentos e minhas ações já se modelavam com muito mais vantagem em relação ao progresso espiritual, o que vale infinitamente mais do que todas as grandezas daquele príncipe que fui. O amor que sinto não se compara ao que sentia àquela época: é vazado em filtro que lhe dá imensa e superior pureza. Amo hoje mais pelo espírito do que pela matéria, ao passo que lá eu amava quase exclusivamente pela matéria. O coração pulsa serenamente, quando se agita esse tão grato sentimento; mas já pulsou de forma desordenada, ao sopro do mesmo sentimento escaldado pelo vapor da carne. *Quantium mutatus ab illo!*,[8] diria eu, se me fosse dado comparar-me nos dois tempos de minha infinita existência!

Acordei em meio a risos e afagos de todos os que constituíam minha pequena e adorada família; experimentava, porém, uma indefinível sensação de alegria, uma extraordinária alegria, mas também de pesar. Minha mulher, notando algo de estranho em meu rosto, em meus modos, não sei em quê, perguntou-me se me sentia mal.

— Não e sim — respondi-lhe, admirado de vê-la perscrutar o quê eu mesmo não sabia definir.

— Não e sim! é enigma. Acordaste disposto a eles?

— É enigma, com efeito, minha querida; contudo eu mesmo não sei decifrá-lo.

— Dize-me qual é, que sou forte em decifrar enigmas.

— Não sei qual é.

— Oh! isso agora é enigma de enigma!

— Achaste a qualificação. Atende. Tenho a mente povoada de umas cenas completamente estranhas a tudo o que conheço ou tenho visto. Parece-me que andei por mundos desconhecidos e me encontrei com alguém que me é muito caro. Daí, a alegria do que vi e o pesar de tudo haver esquecido com o despertar.

---

[8] Quão diferente do que era. – Virgílio.

Capítulo X

— Oh! isso é muito sério! Quem sabe se não encontraste, no Espaço, alguma fada que me quer roubar teu coração?
— Fala, fala, de modo que me esclareças a mente... Foi um sonho que tive... mas que sonho singular! Era uma gente de corpo brutal; de cara como a dos bugios; cabelos hirtos; pés compridos e espalmados nas extremidades; mãos com quatro dedos somente; pele cor de azeitona; voz rouquenha, gutural, horrível: animais de forma humana. Foi o meu sonho... que imagens nos cria a imaginação! Onde fui eu descobrir aqueles tipos, em que sequer pensei alguma vez? Sim, a imaginação cria mundos e, durante o sono, parece ser mais livre que no estado de vigília. Venham cá dizer-me que, no sono, o espírito se desprende do corpo, e que o sonho é a recordação do que ele vê e observa desprendido!
"E esses monstros que me dá o sonho? — continuei a falar sobre o que vi. — Posso, acaso, ter visto coisas que não existam, em parte alguma do mundo? Muito menos verdade é dizer-se que se sonha com o que se tem na mente, pois nem pela mente passou-me a ideia da existência de semelhantes criaturas. Entretanto... tenho uma vaga reminiscência de haver sido um daqueles... e até de ter amado loucamente a uma das filhas dos tais. Imaginação, imaginação, por que não me deste antes uma cena, mesmo fantástica como esta, de um cantinho do paraíso?
"Quem lucra com esse sonho ou fantasia é Darwin — concluí —; porquanto estive no reino dos macacos e, se fui um deles e amei apaixonadamente a uma de suas filhas, segue-se que já fui macaco, pertenci à raça simiana. Ah! foi isso, foi isso, está tudo explicado. Eu fui, em sonho, a uma floresta, talvez a da Amazônia, e vi um grande ajuntamento de macacos. É isso. Até porque o sítio era selvagem: pedregulhos, matos, grutas, em vez de casas e gente... era

mesmo tal qual os macacos, na forma e... na voz. Mas... eu era um deles e amei a uma de suas filhas! Não importa isso. O fundo é verdadeiro, os episódios é que são imaginativos. Sim, o sonho é a recordação do que vê o espírito desprendido do corpo, isso está claro. E como quem reproduz uma cena omite e acrescenta alguma coisa com a recordação do que viu, coisas imaginárias misturam-se às verdadeiras. A verdade do meu sonho é que estive no mato entre bugios, a parte imaginativa é que eu era um deles e amei a uma de suas filhas."

— Decifraste, meu amigo; mas olha que acabaste por confessar o que, a princípio, negaste: o fundo real do sonho, a recordação, mais ou menos exata, do que viste e apreciaste, no desprendimento durante o sono.

— É certo, minha cara; todavia, como crer na verdade do meu sonho, enquanto não lhe descobri a explicação?

— Daí a conclusão de que não devemos repelir o que não podemos compreender; pois o que não compreendemos hoje podemos compreender amanhã.

— É justo, é justo; e Darwin perdeu a partida.

Agora direi a mim mesmo: nem tudo o que reluz é ouro, prova-o a história da visita ao reino dos macacos, que ficou valendo pelo quadro de minha existência em Vênus. Durante o dia, embora distraído com os trabalhos, sentia-me compelido a cogitar sobre aquele estupendo sonho.

CAPÍTULO

XI

À noite, fui o primeiro a procurar o leito. Uma força desconhecida impelia-me, mau grado meu que sentia gosto em ouvir os meus tagarelas discorrerem sobre o que constitui a infância: a infinita variedade de futilidades. Há, então, em nosso íntimo, algo que nem sempre se conforma com os nossos desejos e vontades, e, naquele momento, dei o mais cabal testemunho da existência dessa dupla disposição humana, que nos arrasta, ao mesmo tempo, em sentidos contrários.

Li, noutro dia, uma apreciação desse fato, desse fenômeno psíquico que me fez rir das loucas pretensões do saber dos homens. Um dos nossos mais ilustrados filhos da presente geração, não encontrando, em suas criações filosóficas, meio de explicar esse querer contrário aos desejos do mesmo indivíduo, cortou a dificuldade imaginando a existência de duas almas no homem. Não cabe, aqui, fazer a crítica a tão despropositada concepção, e, pois, limitar-me-ei a dizer: lê a *História de um sonho* e terás a verdadeira explicação do fato.

O homem é corpo e alma, ligados intimamente a constituírem um ser e, como tal, tem pensamentos e sentimentos, desejos e vontades comuns; mas ele é essencialmente espírito, e o espírito tem pensamentos e sentimentos, desejos e vontades seus, exclusivamente seus, nem sempre harmônicos com os do misto. O espírito desprendido do corpo, durante o sono, vendo melhor, por ver sem o véu da matéria, as coisas da vida, imprime ao misto, quando volta ao corpo, as impressões que recebeu, e, muitas vezes, estas são contrárias às tendências e atitudes manifestadas na vida corpórea. Daí a inconsciente aspiração em oposição aos mais encendrados desejos, ambos filhos do próprio espírito, mas aquela originada em seu estado de liberdade, e estes, em seu estado de ligação com o corpo. Foi por essa lei, aqui vagamente esboçada, que eu (homem), sedento dos gozos que me proporcionava a convivência com a adorada família, sentia (eu espírito) desejos de deixar aqueles gozos, de recolher-me ao grato sono e desprender-me, a fim de continuar o estudo do meu tenebroso passado.

Em um instante, dormi e voei, e voei certeiro para o ponto do espaço onde havia deixado o meu angélico Guia. Um sorriso doce como o mel do Hidaspe, meigo como o de terna mãe que contempla o filhinho adormecido pleno de suavidades, como só as podem ter, só as têm os anjos do Senhor, essa foi a sua saudação.

— Bendito seja o Cordeiro de Deus, que ainda te concede a graça de veres, no teu passado, o que te deve ser luz para o futuro.

Curvei-me, e Bartolomeu dos Mártires, apontando para a bela estrela que se achava em nosso meridiano, disse:

— Segue por este raio de luz a continuar teu estudo.

Olhei por um raio de luz que refletia de Vênus e deparei com o meu quadro. As formigas previdentes ainda não tinham concluído o serviço noturno de sua constante colheita, que lhes é a reserva para os maus tempos; a cigarra estrídula não tinha despertado de seu preguiçoso letargo, em que se embebe pelas longas noites; os carnívoros silvestres ainda não se haviam recolhido prudentemente às

Capítulo XI

tocas, evitando encontros humanos, sempre temidos por todos os animais; o Sol ainda não começara a espargir, pela superfície de Vênus, seus raios de luz e de calor, quando, na perspectiva de que não tardariam, o príncipe ergueu-se do leito nupcial.

Vimos que os receios de sua amada, por longo tempo, o detiveram até que, já à luz do dia, conseguiu ele desprender-se dos seus braços, quebrando a força do ímã poderoso que o prendia a ela. Partiu tranquilo, porque, em sua mente, não prevaleciam os temores da moça, não só por ser um Espírito superior a ela como também por confiar, plenamente, no poder de sua elevada posição. Contrariava-o, porém, ser visto a sair da casa de sua esposa, pois não queria que fosse conhecido seu enlace, senão depois de ter alcançado do pai sua real consagração, o que julgava coisa da maior dificuldade.

Não se enganou naquele juízo, o que lhe foi a mais dolorosa agonia. Estremecia ante o que lhe dera o ser, mas palpitava-lhe o coração cheio de um amor sem limites por aquela a quem ligara seu destino na vida. Romper com qualquer daqueles sentimentos seria cortar o fio de sua existência, ora doirada com as mais brilhantes cores, roubadas à palheta dos deuses. Viver fruindo as delícias de ambos, mesmo que fosse morto para ele todo o mundo, significaria gozar as delícias que só imaginava poderem existir na sociedade dos deuses: do Sol, da Lua, das estrelas, que eram e são as divindades a que rendia preito de adoração aquela gente, a cujo seio viera. Seu pai, mal ouvira-lhe os conceitos, enfureceu-se como o tigre esfaimado e nem lhe quis ouvir a réplica.

— Miserável! agora conheço a razão por que pregaste aquelas doutrinas, que me pareceram dignas de atenção. Elas eram o caminho que preparavas para tua abjeção.

Foge de minha presença e nunca mais me apareças. Eu te amaldiçoo.

— Meu pai...

— Nem uma palavra ou eu te mando esquartejar em praça pública!

— Manda, manda já, que esta vida me é odiosa.

— Pois seja como queres.

E, assim dizendo, chamou seus esbirros e mandou conduzir o filho ao tenebroso cárcere, enquanto preparassem os instrumentos do suplício. Estaquei diante de tão horroroso caso, e meu angélico Guia, sempre sorridente, falou-me:

— Aprende: o que nadou em sangue, no sangue de suas vítimas, vai, em cumprimento da justiça eterna, sofrer o que fez sofrer. Foi aquela, meu filho, a prova das provas, que pediste para resgate de tuas iniquidades. As circunstâncias, que pareciam casuais, foram encaminhando-te das mais fáceis para a essencial, a mais difícil. Se a recebesses com humildade e resignação, valiosíssimo seria o teu triunfo, e, assim, tais disposições salvar-te-iam do angustioso transe, como a resignação de José, lançado à cisterna, salvou-o da morte horrorosa que pedira, para lavar o crime de Caim. Continua o teu estudo, vê o que fizeste e quanta misericórdia Deus derramou sobre ti, já merecedor de alguma coisa pelo bem que antes praticara.

Eu estava atordoado. Tudo parecia estar acontecendo comigo naquele momento. Não me pesava morrer, nem mesmo o cruel gênero de morte a que estava destinado. O que me esmagava era, em primeiro lugar, ser meu pai o meu algoz e, em segundo lugar, pensar na miséria a que arrastara a mulher a quem amava loucamente. Eu mesmo, eu de hoje, quase duvidei da bondade de Deus!

— Para aí — advertiu-me o Guia. — Teu corpo te reclama.

Num instante, eu despertava, a voz de minha mulher procurava despertar-me do horrível pesadelo.

CAPÍTULO

XII

Quantos, quase posso dizer, quem não descrê da bondade de Deus, até da existência de Deus, vendo um homem bom, honrado e virtuoso estorcegar-se na miséria, nas dores morais, a par do mau que nada na opulência, do perverso que vive saciado de alegrias? Eu, pois, conhecendo-me superior àquela gente, em qualidades, a quem preguei meritórios princípios para seu progresso, duvidei da Justiça soberana, vendo-me condenado ao maior sofrimento físico, infinitamente menor que o sofrimento moral dele resultante.

Acordado, na permanência de tão dolorosa impressão, sentia um desgosto, um mal-estar, uma irritação que me eram indefiníveis. O Espírito comunicara aqueles sentimentos ao misto, e este, sectário de outros bem opostos, escusava-se a recebê-los: daí aquele desgosto, aquele mal--estar, aquela irritação, que, às vezes, sentimos, sem causa apreciável. Conversei, por algum tempo, com a minha doce companheira, sobre o terrível pesadelo que a despertara e a fez despertar-me; mas não fui senhor de me recordar do que tão profundamente me abalara.

A bela estrela dos matutinos viajantes, que lhe dão o nome de estrela d'alva, já despontava no horizonte da Terra, anunciando a próxima claridade do dia, e eu, perdido o sono, saí a respirar ar fresco no pequeno jardim.

Instintivamente, sentia necessidade de recolher-me, de isolar-me, de meditar. Para quê? Para pensar naquele mar revolto de rudes sentimentos, que se quebravam contra as brancas areias de plácidos e consoladores princípios, que já eram a minha lei moral.

"O que, tão cruelmente, me perturba a paz?", perguntei-me, concentrando todas as minhas energias. Não sei como, mas tive a intuição de que assistira a uma cena do amor e da Justiça do Senhor, cena que a um mais atrasado do que eu pareceria negativa. "É isto", exclamei alegre, por ter encontrado a chave do meu enigma. Já possuo a fé profunda no amor e na Justiça de Deus, que forma a base da crença em que vivo hoje como homem. Porque assisti a uma cena do tempo em que não possuía essa fé, e fui por isso abalado, veio-me aquela impressão de outras eras e eis-me a lutar comigo mesmo, entre o que fui e o que sou. Posso, hoje, duvidar do que já me foi ponto de dúvidas atrozes? Não, pois seria retrogradar e, nas vias do progresso, ninguém retrograda, o máximo que pode acontecer é parar no ponto a que ascendeu.

Mas que cena foi essa que tanto me perturbou? Lutei, trabalhei, esforcei-me por lembrá-la, mas em vão; que ao maior esforço correspondia maior obscuridade. A paz tinha descido até mim e, pois, o que mais deveria eu desejar? Tranquilo, entrei na vida cotidiana. Quando chegou a hora abençoada de gozar as delícias do lar, eu era o homem de sempre: de fruir aquelas delícias comparadas ao amoroso rocio do amor do Pai, a mitigar as ardências da bendita expiação.

Chegou o momento de voar aos páramos infinitos, onde me esperava o angélico Bartolomeu dos Mártires, que, vendo-me, sorriu divinamente e disse-me:

— Acompanhei-te em tua perturbação na Terra e fui quem te deu a chave de tua explicação.

Capítulo XII

— Obrigado, bom amigo, mas por que não me deste igualmente a lembrança da cena que deu causa àquela perturbação?

— Porque é Lei de Deus não poderem os encarnados conhecer do seu passado, a menos que lhes seja condição imprescindível de progresso e, mesmo assim, só quando tenham feito por merecer tal graça.

— Desculpa-me, bom amigo, mas essas tuas palavras não dizem com os fatos. Sou eu um encarnado e, no entanto, não estou tendo a ciência do meu passado?

— Em primeiro lugar, a ciência que te tem sido dada é dada ao Espírito e não ao homem. Já sabes que o Espírito, voltando ao homem, esquece-a, embora a preserve enquanto espírito. Em segundo lugar, eu não disse que a graça pode ser concedida mesmo ao encarnado, se este tiver merecimento para tanto?

— Eu, então...

— No teu caso, estás conhecendo teu passado não porque o mereças propriamente, mas porque já desejas merecer, e Deus, que é tão bom, supre a obra pelo simples desejo. É como se deve entender que Ele paga cem por um.

— Louvado seja Deus — exclamei cheio de alegrias, por saber que meus fracos desejos já me valiam graças de meu Pai e meu Senhor.

— Sim, louva-o, louvemo-lo por todos os séculos, porque só Ele é bom e digno de ser louvado.

— Mas — perguntei timidamente — Deus não distribui suas graças a quem quer e quando quer, sem olhar os títulos de benemerência dos homens? Eu tenho ouvido falar de grandes criminosos que receberam a graça por se arrependerem de suas iniquidades e foram salvos.

— Deus tudo pode, meu filho, porque sua vontade é sua única lei; mas Ele é justiça, e sua justiça é indefectível.

Portanto Deus, por obra de sua vontade, tudo regula, segundo a sua Lei. A graça divina não seguiria, pois, a norma da santíssima lei, se fosse distribuída arbitrariamente, se assim me posso exprimir, referindo-me à vontade do soberano Senhor. Deus concede graça ao que, em justiça, a merece, o que só Ele pode aquilatar. Vem daí concedê-la ao que o mundo julga um criminoso endurecido, mas a quem Ele conhece e sabe que, no fundo de seu coração, sente dor por suas misérias.

— Como é sublime o que acabas de me ensinar! A soberana vontade pondo a si mesma o mais excelso dos regulamentos, ditado pelo mais excelso dos atributos divinos: a justiça!

— É assim, meu filho, é a Onipotência harmonizando oniscientemente as funções de seus infinitos atributos.

— Oh! não temos inteligência para compreender tão elevados mistérios nem palavras para sequer enunciá-los! E esses ensinos que me dás em Espírito, poderei eu transmiti-los ao meu ser como homem?

— O homem é um Espírito encarnado, cujo corpo lhe serve de instrumento para pôr-se em relação com o mundo material. O que vem ao Espírito por meio do corpo é patrimônio do homem, porque interessa a ambos os seus elementos constitutivos. Todavia, o que lhe vem ou existe em seu escrínio, sem ter passado pelo corpo, é propriedade exclusiva sua e não do homem, porque só interessa a um dos elementos deste. Muitas coisas guarda o espírito que o homem ignora, mas nada do que sabe ou sente o homem é desconhecido pelo Espírito. Entretanto, por lei da evolução espiritual, pode o Espírito comunicar ao homem tudo o que é privativamente seu e precisa ser desenvolvido no período da vida corpórea. O conhecimento das verdades que influem no progresso do Espírito é transmitido ao homem,

Capítulo XII

assim como os sentimentos que devem ser depurados durante sua encarnação.

— O que acabaste de ouvir é necessário a teu progresso — concluiu o Guia —; e, pois, voltando ao corpo, o homem que és, terá de tudo clara intuição, sem que saiba de onde vem.

CAPÍTULO XIII

As palavras de alta sabedoria que me foram dirigidas pelo bom Anjo calaram em mim, proporcionando-me tanta paz e felicidade como a nenhum outro mortal da Terra. Sentia, porém, um desejo, como quem sente branda sede, de conhecer o desfecho do terrível drama, em que me envolvera o ardente amor pela bela pária da sociedade de Vênus. Meu Guia, conhecendo-me o sentimento, apontou para o brilhante planeta e disse:

— Vai e continua teu proveitoso estudo.

Com a velocidade que só o pensamento possui, cuja rapidez é a maior do universo, fui ao ponto onde era o quadro objeto dos meus estudos. Numa profunda cova, onde mal penetrava o ar e reinavam espessas trevas, onde se respirava com dificuldade, porque a atmosfera, além de pesada, era úmida e fétida, via-se, ou antes, ver-se-ia, se houvesse luz, um pouco de palha seca, destinada a servir de leito a quem viesse habitar aquele horroroso sítio. Nem um banco ou pedra que servisse de assento, nem uma bilha d'água que pudesse saciar a sede, nem um pedaço de pão duro que matasse a fome. Quem entrasse para aquela furna, encravada meio na rocha, meio na terra, mas terra ladrilhada de enormes e pesadas lajes, poderia despedir-se do mundo e repetir as palavras do poeta: *"Lasciate ogni speranza voi che entrate"*.[9] Era a prisão do Estado, para onde iam apenas os condenados por crime imperdoável, e, para tais, por que se incomodarem juízes e guardas?

No meio do pequeno espaço, que media dois metros cúbicos, eu vi, pelos olhos da alma, um vulto de homem, tal qual os de Vênus, acocorado e imóvel como um desses manipansos, descobertos em subterrâneos do novo continente. Era eu daqueles tempos, eu que já me era bem conhecido pelos estudos anteriores, eu que fora mandado para lá por meu desnaturado pai.

Assim como o enfermo mal convalescido de moléstia grave, por qualquer quebra da dieta ou do resguardo, sente reaparecer o mal que ainda lhe está preso por alguma radícula, do mesmo modo, o Espírito mal desapegado das influências maléficas, filhas do seu atraso, embora já se sinta bem disposto para enfrentar as claridades do progresso, revolta-se ao choque de grande abalo moral e perde, num momento, o que ganhou em longo mourejar e, às vezes, em muitas existências. Não retrograda, porém. É que as melhoras ainda não estavam sedimentadas dentro dele, ainda eram mais aspirações do que sentimentos.

Minha imobilidade, no meio do silêncio tumular, tinha a expressão de raiva, de ódio, de um conjunto de sentimentos criminosos e blasfemos, que aterrariam ao próprio Satanás da lenda bíblica. Se pudessem explodir, fariam voarem em estilhaços o planeta, a Humanidade e os próprios deuses. Não havendo, porém, a mínima hipótese de uma erupção, tais sentimentos ferviam-me no íntimo como os ventos dentro de sua caverna, segundo a sublime descrição do mantuano. Ferviam, mas eu mesmo tinha medo de

---

[9] Abandonai toda esperança, vós que entrais. — Dante.

Capítulo XIII

abrir-lhes a válvula e, pois, estava imóvel, imóvel e absorto em minha própria fúria.

Se me dissessem, naquele momento, que eu já fizera mais do que me faziam, que voltara à vida corpórea a reparar o mal que fiz, sofrendo-o resignadamente; se me dissessem tudo isso, e mais, que daquele lance dependeria minha felicidade eterna, eu cuspiria as faces do perverso que me quisesse roubar até o gozo do meu ódio, pois que não poderia nutrir a esperança da mais cruel e gostosa vingança. Mas como Deus é bom! O tigre bramindo em fúrias, somente contidas por aquela jaula, já compreende a doçura incomparável da sublime lei do amor e sente dilatar-se-lhe a alma ao som das harmonias celestes, repassando pela mente o quadro luminoso de um Deus que perdoa a seus algozes.

— Obra da lei do progresso — interrompeu-me o Guia —, a que tudo obedece, desde os mundos até os homens, do progresso que, por infinitos modos, levará todos os filhos de Deus à sua casa.

— Sim, eu o reconheço por mim, que já sou mais próximo desse progresso do que naqueles tempos.

— E foi naquele tenebroso inferno, em que te mergulhaste, que fizeste o maior ensaio para voares às regiões onde já encontras luz mais clara e ar mais puro.

— Explica-me, bom amigo, como daquele mal eu pude tirar algum bem e daquela perdição eu pude arrancar algum elemento de salvação.

— Nós, meu filho, mostramos o caminho, mas deixamos ao peregrino o trabalho de remover-lhe os embaraços, para que tenha o mérito do triunfo. Continua o teu estudo e descobrirás, por ele, as respostas às tuas perguntas.

Voltando ao meu quadro, vi, ao pé de mim, mas separada por uma muralha fluídica, uma mulher que cobria o rosto com as mãos. Chorava como só a mãe pode chorar pelo filho desgraçado. "Quem será?", perguntei a mim mesmo. É, sem dúvida, aquela que me deu o ser em existência passada e que, já mais adiantada, vendo o filho de suas entranhas precipitar-se no abismo, de que emergia, vem suavizar-lhe as dores, soprando-lhe consolação.

— É como pensas, meu filho; e foi também o teu guia daquele tempo. Guia não é somente o Espírito posto pelo Senhor junto a cada um dos seus filhos, mas igualmente aqueles que lhes são presos pelos laços do coração. O pai carnal é o guia visível dos filhos e continuará a protegê-los depois de deixar o corpo. Em geral, o homem tem o guia que lhe dá o amor do Pai dos Céus e os que conquista por seu amor. Aquela mulher foi tua mãe, amou-te profundamente e, porque subiu muito acima de ti, foi eleita pelo Senhor para guiar-te. Feliz ao vê-lo perseverar no bom caminho, ela acompanhou-te sempre e hoje é quem te fala.

— És, então, quem me tem conduzido, desde aquele ínfimo estado até a minha condição atual?

— Sim, progredindo ao mesmo tempo que ias progredindo.

— Oh! então eu me salvo daquela borrasca!

— Não depende de outros, mas de ti, a própria salvação.

— Assim é, contudo quem anda bem acompanhado tem mais probabilidades de não se perder.

O Anjo riu-se, e eu, voltando ao estudo, vi que a mulher orava e dela elevava-se aos ares como que uma nuvem de fumaça branca, que subia, subia até eu não mais poder vê-la. De repente, o mísero condenado ergueu-se e, levando ambas as mãos aos olhos, chorou. Chorar é regar de fresco rocio o incêndio que lavra pela alma; é sentir a tortura de acerba dor e o desejo de acalmá-la; é ter esperança e a esperança é o início da fé. Quem chora está aberto aos

Capítulo XIII

sentimentos doces, às resoluções razoáveis. O condenado ergueu-se e chorou, ao mesmo tempo, vi adelgaçar-se a muralha que o separava da boa mulher. Esta ergueu as mãos como a dar graças e risonha, de uma alegria angélica, acercou-se do infeliz e bafejou-o. O que de virtudes naquele bafejo não sei, mas vi o furioso tomar um feixe de palha, preparar um leito e atirar nele o corpo.

Ficou sem ódio? Abandonou a sede de vingança? Não, certamente, todavia teve alguma intuição que lhe abrandou aqueles sentimentos.

CAPÍTULO XIV

Deitado sobre a palha, mas não podendo conciliar o sono, não só pelas condições de sua prisão como também pelo estado de espírito, o condenado teve um princípio de calma, que parecia resignação, mas era a consciência de sua incapacidade de reagir. Mesmo assim, já era um largo passo para o seu descongestionamento moral. Se pudesse, saciaria o ódio e a sede de vingança; visto, porém, que não o podia, não se revoltava como antes, submetia-se à lei de seu tempo, que era a da força.

Às vezes, passava-lhe pela mente uma ideia que o fazia estremecer: quem sabe se tudo isto não é para o bem? Tão longe estava, todavia, de entender como do mal se arranca o bem, que logo bania de seu cérebro aquela ideia. Ela, entretanto, voltava à tona qual mosca importuna e voltava sempre ao brando sopro de fluidos, vindos da mulher que não o deixava. "Que loucura!", exclamou, afinal, aborrecido. "Qual o bem que me pode advir deste inferno em que me acho? Só se é bem para o meu algoz, de quem não poderei vingar-me." Mas, refletindo, dizia logo: "Essa insistência é como a que experimentava, quando me vinha uma ideia fora das normas habituais do meu povo". Refletia, pois, e fazia mais: discutia a ideia, o que vale por estar disposto a receber uma nova verdade. "Eis o princípio da resposta à minha pergunta", exclamei, notando aquela modificação.

— Aprecia bem, meu filho, porque aquele sentimento, num espírito lúcido, não dá mérito; mas, no que está imerso em trevas, já é luz, é princípio de salvação. Tudo em justiça. Ao que tem pouco se pede pouco e muito se pede ao que muito tem.

Refleti sobre esse conceito e fiquei maravilhado pela sabedoria com que são dispostas todas as coisas, tanto as do mundo físico como as do mundo moral. E há quem, a despeito dessa ordem, cuja verdade entra naturalmente pela razão, pela consciência, pela alma, duvide da existência de um ser que a determina.

— Há sim e deve haver, meu filho, porque a unidade procede da variedade; a ordem, de elementos contrários; a harmonia universal, da infinita diversidade de funções. Vê o corpo humano, composto de órgãos diferentes, tendo cada um sua função e concorrendo todos para a unidade, a ordem, a harmonia que mantêm a vida. Esses infelizes que olham e não veem exercem uma função necessária ao plano grandioso da Criação. O que seria o universo, digamos, a Humanidade, se todos tivessem o mesmo grau de progresso, vissem com igual luz a verdade, cuja posse é seu destino? Seria um mar morto, cujas águas nada produziriam, porque o movimento é a vida universal. As águas agitadas do oceano geram, por seu movimento, os elementos da vida e alimentam uma infinidade de seres. No mundo moral, dá-se o mesmo: o choque das ideias, dos sentimentos dá luz que esclarece até aos próprios que concorrem para ela, repudiando-a.

"Deus não criou filhos deserdados — arrematou dizendo —, mas dispôs que cada um se faça merecedor da herança que talhou para todos. O que hoje repele a luz da verdade, amanhã se abraçará com ela, por circunstâncias que a todos são proporcionadas e que por todos serão

Capítulo XIV

aproveitadas, mais cedo ou mais tarde. Olha para o que foste e para o que já és."

Enquanto, hoje, eu bebia tanta luz nas sábias palavras do angélico Bartolomeu dos Mártires, naquele tempo, quedava envolto nas trevas do meu grande atraso. O príncipe procurava repelir a ideia importuna, a de ser um bem para ele o que estava sofrendo, e quanto mais se esforçava naquele intuito, mais se prendia à louca ideia. "Louca sim", dizia para si mesmo, "porque loucura é pensar que eu possa ser feliz, sendo infeliz. Só... é... é a única hipótese... só se há outra vida depois da morte, mas isso é loucura ainda maior. Assim, o que sofresse aqui poderia, por obra desse sofrimento, receber lá a compensação. Em tal caso, esta deveria ser proporcional ao sofrimento e fartamente deveria eu recebê-la, visto que ninguém, neste mundo, teve sofrimento igual ao meu."

O moço chamava isso de loucura, mas ia embebendo-se na loucura ao ponto de sentir o desejo de que fosse verdade aquela hipótese. Era egoísmo, filho do desespero de poder ainda ser feliz na vida corpórea, mas também era um passo para a verdade. "Ah! se fosse assim... mas estou louco. Nunca mais poderei saciar este ódio e esta sede de vingança: eis tudo. Eu... eu também pensei que fosse loucura a ideia da igualdade dos homens e, no entanto, era verdade, que todos aceitaram. Se fosse uma ideia falsa, o senso comum, que é a ciência da massa popular, tê-la-ia repelido, e eu mesmo sinto que é a pura verdade. Pode ser, pode ser e é uma felicidade que seja assim."

Neste ponto do singular solilóquio, vi achegar-se do moço, já meio passivo ao influxo da boa mulher, um Espírito, cujas vestes eram mais negras do que o carvão. Riu-se de modo satânico e jogou fluidos sobre o infeliz. Imediatamente, como se o tivesse tocado uma corrente elétrica, eu o vi estorcer-se, no auge do maior desespero, e bradar em fúria:

— Mas ela, a minha amada, o que dela farão os miseráveis, desde que não a posso defender? Como ia aceitando esta desgraça, se ela acarreta a da minha amada? Poderei aceitar tudo em relação a mim; quanto, porém, a ela, oh! não há o que ponha limites à minha cólera. Poderei — e já o estava fazendo — esquecer o mal que me fazem, mas o que fazem a ela não, não esquecerei, nem mesmo no momento do meu suplício. Vida da minha vida, sei que vais sofrer muito por minha causa, mas crê, meu anjo, que teu sofrimento é a chama ardente que calcina todo o meu ser.

O Espírito recém-chegado nadava em gozo, ao mesmo tempo, a boa mulher cobria tristemente a face com seu manto.

— Mas como pode — perguntei eu — um Espírito superior ceder o lugar a um inferior, e o que trabalha para o bem ceder ao que trabalha para o mal?

— É a soberana lei do livre-arbítrio, a que nem o próprio Deus põe limites. O homem é senhor de seu destino, é livre inteiramente de prestar ouvido ao que o chama para o bem, como ao que o chama para o mal. Nem um nem outro pode impor-se-lhe, assim como nenhum dos dois pode impor-se ao outro. Apresentam-se — atuam sobre o homem — e é este, por seu livre-arbítrio, que prefere as sugestões de um às de outro. O bom tem tanto direito a fazê-las quanto o mau, e só ao sugestionado cabe escolher entre os dois. Aquele infeliz já ia cedendo à influência do bom, porém sua natureza atrasada era embaraço à completa sujeição. Apareceu o mau, cuja natureza se harmonizava mais com a dele, e, pronto, rendeu-se-lhe. Um dia, dar-se-á o contrário: sua natureza acolherá as falas dos bons e repelirá as dos maus. Este dia já está próximo de ti.

CAPÍTULO

XV

Nós, os que nos chamamos *vivos*, mas que não somos senão os mortos, porque a verdadeira vida é a do Espírito livre, e a da Terra, a corpórea, é a do Espírito encarcerado no corpo, que lhe serve de instrumento providencial de expiação, a fim de limpar-se das máculas de suas transgressões à lei do progresso, que conduz a Deus; nós, os homens, quantas vezes sentimos uma disposição espontânea para o bem ou para o mal e atribuímos esse movimento a nós mesmos, segundo as circunstâncias do momento?

Dissessem-nos, antes da luz que nos dá a revelação espírita, o Espiritismo, que, muitas vezes, tal movimento, tais disposições e resoluções a que somos levados resultam de influências benéficas ou maléficas de seres estranhos, que atuam fluidicamente sobre nós, nossa resposta seria o riso de escárnio, de desprezo ou de compaixão. Entretanto, em que pese aos que não admitem a existência do espírito e aos que, apesar de a admitirem, protestam contra a comunicação dos vivos com os mortos, a intervenção destes em nossos pensamentos, sentimentos e ações é fato hoje tão experimentalmente provado como foi para Galileu o do movimento da Terra, por todo o mundo recusado.

Vi, claramente, a cena de estranhas influências modificando minhas disposições, no terrível cárcere em que me debatia contra as circunstâncias, que, embora eu julgasse casuais, eram providenciais, revelou-me Bartolomeu dos Mártires, a fim de que eu realizasse a prova que deveria resgatar meu odioso passado. Nada casual! Tudo providencial! Vi aquela boa mulher insinuando-me a resignação, para que minha prova fosse tal qual me comprometera realizar, quando pedi e alcancei a nova existência reparadora. E senti um fresco apaziguar da fúria de minhas paixões, assanhadas pelo ódio infrene e pelo desejo abrasador de vingança, ao ponto de reduzir-se a voraz fogueira a simples brasas cobertas de cinzas.

Logo após, vi aproximar-se o negro espírito, a soprar a cinza, a lançar às brasas o melhor combustível que descobriu em meu coração, a atear de novo o mal extinto incêndio. E senti referver, ainda mais medonho, o vulcão que alimentava o ódio e a vingança, perdida aquela ideia que vagamente me vinha: deste grande mal pode originar um grande bem. Não fosse a sábia explicação do meu angélico Protetor, ter-me-ia, eu de hoje, perdido na falsa compreensão de que o homem é títere nas mãos dos Espíritos desencarnados. Resfoleguei, porém, àquela explicação de que, embora atuados pelos Espíritos, temos o direito e o poder de resistir-lhes, porque somos seres dotados de liberdade, que o próprio Deus não constrange por amor a sua justiça, ante a qual não haveria responsabilidade, se devêssemos ser arrastados por estranhas vontades.

E o moço príncipe deixou-se embalar, muito livremente, pelas insinuações da boa mulher, por lhe falarem elas à razão, e deixou-se arrebatar pelo mau Espírito com a mesma liberdade, por lhe revolver os sentimentos ruins, mal abafados em seu coração.

Esclarecido sobre este ponto, que me levantou perigosas dúvidas, perguntei ao Anjo:

— E agora? Lá vai ele precipitar-se no abismo.

Capítulo XV

— A outro mais fundo desceu ele na existência passada e, no entanto, não ficou lá sepultado *in aeternum*,[10] como erroneamente vos ensinam. Lê Isaías, lê a Parábola do filho pródigo e convencer-te-ás de que *Deus não quer a morte de filho algum* e de que *a salvação é universal*. Os que se afastam do caminho reto, traçado pela lei da salvação, descem, por sua única vontade, a abismos mais ou menos profundos e retardam, também por sua única vontade, o dia de sua glorificação; contudo, não perseverarão eternamente no erro e, uma vez que o renunciem, subirão dos abismos e alar-se-ão às regiões sempiternas.

— Mas eu subi de um abismo, porque me arrependi das minhas iniquidades e ali me vejo prestes a atirar-me novamente a ele.

— Efeito da liberdade, que, se dá frutos amargos, produz, principalmente, frutos de vida; estes sim, são eternos, enquanto aqueles, transitórios. E nota como já trocaste, embora não completamente, alguns dos primeiros pelos segundos. *Paulatim, gradatim*,[11] e a nojenta lagarta transformar-se-á em borboleta de asas irisadas. Se caíres, todavia, em um abismo novo, acolhendo as vozes da serpente de preferência às do teu bom anjo, esse abismo já será menos profundo que o anterior, porque, nos curtos anos daquela tua existência, fizeste que tua gente desse largo passo nas vias do progresso, e tu mesmo o deste. Não vomitaste toda a *bilis atra* e, por isso, ainda te podes envenenar com a que guardaste. Mas, além de este resto não poder produzir o efeito de toda a que havias acumulado, acresce que, na queda dos Espíritos, impera a mesma lei da sua elevação.

---

[10] Para sempre.

[11] Paulatinamente, gradativamente.

"Os Espíritos — prosseguiu Bartolomeu dos Mártires —, quanto mais se desmaterializam por sua purificação, mais leves ficam e mais alto sobem e sobem até onde a atmosfera moral dos mundos é tão leve como eles. Nem uma linha além nem uma linha aquém. Perfeito equilíbrio! Descendo, pelo peso de sua materialização, eles param onde encontram uma atmosfera de peso igual ao seu. Nem uma linha abaixo nem uma linha acima. Perfeito equilíbrio! Ora, tu pesavas muito mais na vida anterior a esta que estudas, porque pensaste no mal, sentiste e praticaste apenas o mal; e, pois, desceste muito fundo, para encontrares o teu equilíbrio moral. Nesta, porém, cujo quadro te é presente, muito te depuraste e, embora caias, encontrarás o teu nível, o teu equilíbrio, muito acima do passado. Isso já é uma animação, meu filho, obra do amor do Pai, que, sem ferir sua justiça, unge-a sempre com sua misericórdia.

— Sublimados conceitos! — exclamei, no auge de uma alegria que me rebentava do íntimo, como de uma rocha rebenta pura e cristalina linfa.

E tendo dado expansão àquele entusiástico sentimento, volvi os olhos para o meu quadro, a que me fixava com tanto fervor, como se não soubesse que nada mais podia ele influir sobre mim, hoje, como se dele pudesse depender a minha sorte para o futuro.

De joelhos, vertendo lágrimas de celestial amor, lá estava a boa mulher, que não desanimava de poder novamente atrair a si o amado de sua vida, que lhe foi roubado no momento de cantar vitória. O moço, em fúria, bradando pela amada esposa, abria os braços como para chamar a si o que lhe excitava os sentimentos ferozes. Porém, talvez em virtude da prece da mulher, estava tomado de espanto e de raiva incandescente, por sentir-se preso e não poder voar ao satânico chamado de sua vítima. De repente, volvendo

Capítulo XV

os olhos em torno, para descobrir a causa do estranho fato, encontrou a humilde serva de Deus a orar. Arrancou-se para sacudi-la dali, mas ficou como preso a um poste. Quase arrebentou de raiva.

— És tu, miserável, que, por tuas mágicas, me tolhes o passo para a satisfação dos meus desejos?

CAPÍTULO XVI

Os Espíritos habitantes do espaço, assim como nós homens na Terra, unem-se pela similitude de seus sentimentos, uma vez que homens foram e de homens levaram todas as boas ou más disposições morais. Encontram-se, pois, lá como aqui, agregações de bons e de maus, lutando umas contra as outras por se exterminarem, com a diferença, porém, de que os maus querem eliminar os bons por ódio e para triunfo do mal, ao passo que os bons querem exterminar os maus por amor e para triunfo do bem.

Essa guerra que tais agremiações fomentam entre Espíritos, provocam-na também aqui, procurando umas e outras chamar a si os homens. Os bons chamam-nos com a doçura da terna mãe que aconselha o amado filho. Os maus perseguem-nos, procurando fazer-nos amar as trevas, como a galé rejubila-se toda vez que o ranger dos gonzos do tétrico báratro lhe anuncia a chegada de mais um companheiro de misérias. Uns fazem o mal pelo mal, outros, o bem pelo bem: os dois extremos da natureza humana a caminho da perfeição, que é o destino de todos os seres. Na obra do mal, há Espíritos que nos perseguem por ódio pessoal e por vingança. Causamos dano a eles em existência passada, e, valendo-se da sua condição de livres e da nossa de encarcerados, vão à desforra.

Aquele que atuava sobre o príncipe encarcerado era uma de suas vítimas da existência passada, que persistiu em atraí-lo à perdição, vendo-o seguir, a passo firme, o caminho do bem, pelo progresso realizado e comunicado ao povo em massa. Colou-se-lhe como a casca ao lenho, agindo sempre desbaratado e buscando descobrir uma falha na couraça que seu inimigo tomara, pela qual lhe pudesse cravar o envenenado estilete.

Viu reviver no peito daquele jovem a chama de louco amor por uma filha de raça impura e planejou explorar essa mina, rica de dissabores que perturbam a serenidade do mais robustecido Espírito. Foi ele quem o levou à habitação da moça, onde se consumou a ligação indissolúvel dos dois corações. Foi ele quem dominou o pai, levando-o ao grau de furor que o fez esquecer o profundo amor que votava ao filho e condená-lo à morte afrontosa. Foi ele, enfim, quem, aproveitando o desespero do moço, acendeu a chama que a boa mulher conseguira reduzir a simples brasido encoberto por cinzas.

Se pudesse ser ouvida, o mundo estremeceria de espanto ante a satânica risada que irrompera, como a lava ardente de um vulcão que jorrava do negro seio do desgraçado Espírito.

— É, meu! hás de pagar-me cem por um as dores que me causaste! Hei de reduzir-te a um louco furioso, a um possesso de todas as paixões danadas, antes de seres entregue ao carrasco! E, depois, virás para cá sofrer as torturas dos condenados.

E a ameaça pareceu tomar corpo, e o moço voltou à sua fúria, e a ideia que o acalmara voou-lhe do pensamento, e uma nuvem negra, mais negra que o carvão, envolveu-lhe o cérebro. Só via um ponto claro: era sua amada entregue à sanha de seus perseguidores. Esse ponto crescia em sua imaginação, até assumir as proporções de um oceano de sangue, de ódios que nasciam daquele sangue, de vinganças que nasciam daqueles ódios.

Capítulo XVI

Vendo-o nesse estado de desolação, seu bom Anjo, firmado na fé, escudado na humildade, alentado pelo amor que é a perspiração da caridade, elevou-se aos pés do Senhor dos mundos e pediu graça para o que já havia feito algum bem por merecê-la. Aquela prece, ungida de todos os bons sentimentos, subiu, em luminosa espiral, ao sólio sacratíssimo, onde se assenta o amor e a justiça. Os céus abalaram-se, e, assim como do Altíssimo Jesus emanou a virtude que curou a tímida, mas confiante mulher que lhe tocou a túnica, dos céus emanou doce e puríssimo sorriso do Pai, o maior dom que podem receber suas pobres criaturas.

O Espírito das trevas sentiu-se preso e impedido de marchar para sua vítima, e o Anjo do bem, divino emissário da Misericórdia do Senhor, pousou, de manso, ao lado da mulher que fizera a prece.

— És tu, miserável, que, por tuas mágicas, me tolhes o passo para a satisfação dos meus desejos?

— Eu nada sou — respondeu-lhe a boa mulher —; mas pedi a Deus por ti e por este infeliz, e Ele ouviu a minha humilde prece.

— Deus! Quem é Ele? Quem já o viu?

— É aquele que criou tudo o que existe. Não o vemos, porque é o infinito em todas as perfeições, e nós, o átomo imperceptível, só infinito em abominações. Mas se não somos dignos de vê-lo, somos dotados por Ele da faculdade de reconhecê-lo em suas obras.

— Qual é esta faculdade?

— A razão com o senso moral, que só o homem possui e que nos diz: apenas um ser onisciente e onipotente pode ter produzido o espaço infinito, o tempo infinito, as leis eternas e imutáveis, que regem os mundos suspensos no Espaço, o Espírito, enfim, que, evoluindo por toda a eternidade, encerra em si todas as grandezas da Criação.

— Mas o que temos nós a ver com tudo isso? O que temos a ver com quem criou isso tudo?

— Em primeiro lugar, temos a ver porque nós é que recebemos a razão, para conhecer aquele que nos deu essa excepcional qualidade; em segundo lugar, porque, se reconhecermos nosso Criador e obedecermos às sua leis, seremos elevados a alturas que nos permitam ver a Deus e gozar alegrias sem mescla de pesares — felicidades que daqui sequer podemos imaginar.

— Pois bem: goza tu essas alegrias e felicidades e deixa-me o prazer de levar a efeito o meu plano.

— Já te disse que nada sou e que tudo depende da vontade do Senhor.

— Maldita seja ela, se me embargar o passo!

Mal acabara o infeliz de pronunciar aquelas blasfemas palavras, ouviu-se, no recinto em que se dava a cena, um brado horroroso como se partisse de uma alma despedaçada: mistura de gemido pungente, de raiva abafada, de estertor de moribundo.

— Onde estou? Que furacão foi esse que me arrancou do meu posto? Que luz foi essa que me deixou cego? Maldito, três vezes maldito, seja esse Deus, de que me falou aquela imbecil, se foi Ele que me destacou da minha presa e me tirou a vista, para que não mais possa eu voltar a ela! Eu o odeio tanto quanto ao infame, cuja perda tramo há tanto tempo e quase já via realizada! Impotente! Impotente para cumprir o meu juramento de vingança!

— Essa é a fórmula dos endurecidos no mal — disse-me Bartolomeu dos Mártires —, ainda mais sendo tão atrasado como era um Espírito de Vênus naquele tempo. Todos, porém, têm o seu dia, e aquele já o teve, pois que é, hoje, habitante da Terra e te ama.

— Já me perdoou o mal que lhe fiz?

— Sem isso, não teria podido subir. É teu amigo.

CAPÍTULO XVII

A curiosidade, muitas vezes, toma as cores de um sério desejo de conhecermos a verdade pela verdade. Eu, que estava fazendo proveitoso estudo do meu passado, a rever as minhas falhas, para melhor corrigi-las, o que tinha com o fato de ser hoje meu amigo aquele Espírito que tanto mal me fez? Se procurasse saber como se deu aquela meritória transformação, o que aliás bem sei, depois que o Espiritismo revelou a lei do progresso universal, produzindo a salvação universal pela purificação dos Espíritos; se procurasse, mesmo assim, conhecer o caminho que seguiu aquele Espírito até transformar-se de inimigo em amigo, seria isso uma aspiração louvável, porque assentaria no amor ao próximo, lei das leis do aperfeiçoamento humano. Ao ouvir o Guia, senti ardente desejo de saber que é este amigo, hoje, e perguntei se era possível sabê-lo, ao que me respondeu:

— Não, porque isso em nada concorreria para teu progresso, antes, poderia prejudicá-lo, perturbando os sentimentos benévolos de hoje pela recordação dos ódios passados. É por isso, meu filho, que a Sabedoria Infinita pôs espesso véu entre o presente e o passado dos Espíritos, fazendo-os, enquanto encarnados, esquecerem o que foram e o que fizeram, bem como as relações que tiveram. Desse modo, a vítima pode ligar-se por amor ao algoz e vice-versa, e, mais tarde, quando se dissipar o véu da carne, já estará cimentado entre eles o sentimento que deve conduzir os homens a uma única família, com um único pai: Deus; a um único rebanho, com um único pastor: Jesus.

Fiquei arrependido da minha curiosidade, mas contente por ter-me ela proporcionado conhecer a razão fundamental da sublime lei que nos oculta o passado.

— Não é a única — interveio o Guia, lendo-me o pensamento. — Esta diz respeito às nossas relações com os outros. Há também poderosa razão no que se refere exclusivamente a nós. Se soubéssemos o que fomos, dificilmente resignar-nos-íamos a uma condição inferior. Se soubéssemos o que fizemos e viemos reparar, nenhum mérito teríamos, evitando os escolhos em virtude dos quais naufragamos. Seria o mesmo que, na vida presente, termos de agir nas condições em que uma vez já agimos, sofrendo, por nosso procedimento, doloroso castigo.

— Excelso! — exclamei.

— Sim, e mesmo que não o compreendêssemos ainda, deveríamos exclamar excelso, porque é Lei de Deus, e devemos ter certeza de que todas têm por fim a felicidade de seus filhos.

Sem mais detença, voltei ao estudo.

A lúgubre prisão parecia estar iluminada, embora, para os homens, quedasse sepultada em trevas. Junto ao moço, que jazia dormindo em sua cama de palha, não mais vi o negro Espírito, ele já tinha sido retirado, mas unicamente a boa mulher e um menino louro, de face como a devem ter os anjos que assistem o trono do Senhor e de cujas vestes brilhantes se irradiava a luz que enchia o quarto. É o anjo da misericórdia, atraído pela humilde prece da mãe e guarda do pobre moço.

Apesar de ser um fato passado havia longos séculos, minha vista turvava-se à perspectiva daquela sublime fisionomia, e meus olhos cerravam-se como para evitar a des-

Capítulo XVII

lumbrante claridade que dela se irradiava. Conversam os dois, enquanto o moço dorme, e o enviado diz ao guarda: eu fico a dar-lhe mais fluidos benéficos, para que acorde em melhores disposições, e tu, meu caro irmão, vai desfazer a obra do infeliz influenciando o pai, para que desista do tenebroso intento, e este jovem possa, ainda, volver à missão que trouxe e reparar, quanto lhe for possível, o lamentável desvio da senda que tão vantajosamente seguia.

O espírito, que era a mulher, curvou-se ante o menino louro e partiu, espargindo alegrias; e eu, atento ao anjinho, não o pude seguir, pois fiquei a contemplar aquele sublime quadro das grandezas do céu. Porém, do meu êxtase fui arrancado, vendo a loura criança fazer um sinal ao moço adormecido como a chamá-lo. Este não acordou, sequer fez o mínimo movimento; mas, como se dá na ocasião do desprendimento pela morte, uma ligeira fumaça começou a levantar-se do corpo, a partir das extremidades. Ela foi-se condensando à medida que se aproximava da cabeça, onde formou coisa parecida a um turbante de fumo e assumiu a forma do moço, caracterizada por sua fisionomia; desprendeu-se do corpo, mas não completamente, a ele permanecendo ligada por um cordão ou fio quase invisível.

— No caso de morte, aquele fio não subsistiria — disse Bartolomeu — e o corpo ficaria inanimado pela separação completa do Espírito. No simples desprendimento transitório, que, muitas vezes, se dá especialmente durante o sono, como acontece contigo agora, o fio de união não se rompe, para que o Espírito, embora ausente, continue a animar o corpo, a manter a vida.

Eu nunca tinha visto um desprendimento, mas conhecia a lei que o regula e o que estava vendo conferia perfeitamente com ela. O Espírito, tendo deixado, portanto, seu corpo deposto nas palhas, pôs-se defronte do pequeno louro, que suponho ter apagado sua irradiação, pois que nenhum espanto lhe causou, antes, foi-lhe motivo de afetuosas manifestações. Começaram como se brincassem, tomando o moço as mãos da criança entre as suas; mas, em breve, passaram do riso ao sério, não podendo eu ouvir sua conversa.

Mais de uma vez, o moço enfureceu-se. Sua fúria, todavia, abrandava-se à voz do menino, e ele voltava a uma serenidade que não era a habitual, mas estava longe de ser a expressão da loucura que, ainda há pouco, se estampara em sua fisionomia. Súbito, abriram-se-me os ouvidos e eu o ouvi dizer: parece que é verdade o que me dizes, porque, em meio a esta infernal tortura, me atravessou o pensamento a ideia de que grande bem pode vir-me deste grande mal, e tive uma vaga intuição de outra vida, onde riem os que aqui choram.

— Sim, riem os que aqui choram; mas só os que choram por amor ao bem é que sabem chorar.

— Mas há mesmo outra vida?

— Sim: alegre para os que fazem o bem aqui, triste e dolorosa para os que fazem o mal.

— O que é bem e o que é mal?

— Bem é a conformidade com a vontade de Deus, mal é a revolta contra essa suprema vontade.

— Como se entende essa conformidade?

— A ti, que mais não podes ainda compreender, eu direi: conforma-se com a vontade de Deus o que faz todo o bem que pode a todos, o que sofre por amor a Deus todos os transes desta vida, e os que choram resignados, para rirem na outra vida.

— Garantes-me isso, criança sublime?

Não ouvi a resposta, mas vi a criança cercada de luz deslumbrante e o moço levar as mãos aos olhos, bradando: basta, não preciso de mais. Imediatamente, o Espírito recolheu-se ao corpo, e, num instante, o moço estava acordado. O anjo desapareceu. Na prisão, ficaram apenas o condenado e a boa mulher, que lá voltou.

CAPÍTULO XVIII

Salve, luz celestial, puríssima emanação das infinitas perfeições, que penetras os profundos abismos, onde reinam as mais espessas trevas, para fazerdes rebrilhar, por toda parte, a suprema majestade do Ser dos seres, do Senhor dos senhores, do Criador do Universo. A prece fervorosa e humilde daquela mulher chamou-te, bendita luz, ao antro tenebroso daquele pobre Espírito e acendeste nele o facho da misericórdia do Altíssimo, para que, na plenitude de sua liberdade, pudesse guiar seus passos pelo caminho que leva à casa do Pai.

Despertado de seu sono, o moço sentiu-se perturbado por não mais encontrar em si aquele vulcão de fúrias que o atiraram, extenuado, ao leito em que dormira.

"Eu dormi!", pensou ele. "Mas desde que estou aqui, foi-me impossível conciliar o sono! Dormir acicatado por todas as dores do inferno, que me levavam ao frenesi da loucura, é estupendo! Mais estupendo ainda é este acordar, que não parece o de um condenado, mas o de um homem para quem tudo é indiferente! Indiferente não é a palavra: as dores que me desesperavam parecem-me agora uma coisa comum, que me proporcionará venturas em outra... Ah! eu sonhei... e o sonho deu-me aquela ideia de outra vida que desprezei."

E o moço pôs-se a relatar o sonho que tivera: — Era uma criancinha loura e bela, bela como nunca imaginei haver no mundo. Conversou comigo largo tempo. Que coisas tão sublimes quanto incríveis! Mas aquela gentil criança tinha, na sua candura, tanto império e, no seu império, tanta doçura, que seu dizer se imprimia em mim com o caráter de infalível verdade! É verdade, bem o sinto, é verdade tudo o que me disse. Não era a palavra, o sentimento que a revestia é que me prendia, me cativava, me dominava até o ponto de fazer-me quase amar as minhas dores e esquecer-lhes a causa. Outro seria por mim repelido, como se repele a quem vem revolver-lhe o ferro na ferida. Ele, porém, fazia dolorosa operação sem aumentar as dores, pelo contrário, acalmando-as, transformando-as em veículo de aspirações que enlevam a alma.

"Falou-me a criança: — Sofres o que te fazem, porque já fizeste pior a outros e, enquanto não resgatares todo o mal que fizeste, não poderás ter a bem-aventurança. Arranca de tua alma o ódio e o desejo de vingança, porque aqueles a quem odeias e de quem queres vingar-te fazem-te maior bem do que teus melhores amigos, fornecendo-te ocasião de cumprires o que prometeste, quando vieste a esta existência. Assim, recebe com resignação as dores que te causam. Sabes que tudo o que te acontece agora foi por ti mesmo pedido e que, se o suportares como prometeste, tuas dores serão suavizadas nesta vida e dar-te-ão as alegrias inefáveis na outra, que é a verdadeira. — Foi isso, sim, foi isso o que sonhei e, no meu sonho, ouvi daquela extraordinária criança!

"A questão, pois, é esta — concluiu o moço —, o desespero aqui é o desespero lá, se não me conformar com essas desgraças que são o remédio, embora amargo, para o mal que fiz a mim mesmo, fazendo-o a outros; ou a dor aqui, mas dor atenuada pela conformação, e a felicidade lá, na outra vida que imaginei e que já tenho certeza realmente existe. Não vacilo, sacrifico todos os bens transitórios aos

Capítulo XVIII

verdadeiros e eternos. Seja como me ensinou aquela criança iluminada, que veio da vida real a falar-me nesta vida, que, em breve, deixarei. Amores e ódios, tudo esquecerei, na esperança de melhores dias, que também gozará aquela a quem amo e que sofre por minha causa e que gozará igualmente o que me é verdugo e cruel instrumento de meu adiantamento. 'A lei é igual para todos', disse eu referindo-me ao mundo social. 'A lei é igual para todos', disse o menino louro, referindo-se ao destino de todos os homens na eternidade. Venha, pois, o martírio e encará-lo-ei com a fé que me inspirou a extraordinária criança."

Eu, eu de hoje, fiquei maravilhado de ouvir aqueles conceitos de quem antes era todo desespero, cólera e desejos satânicos, pelo que o julguei perdido irremissivelmente. Como explicar tão profunda transformação, comparável à do tigre enfurecido em ufano e inocente cordeirinho?

— Obra da prece, meu filho, que ergueu, fervorosa, do íntimo do seu ser, aquela mulher rica de amor e de humildade. Sua prece tocou a Divina Misericórdia, e o Anjo do Senhor baixou a serenar a tempestade. O que poderá opor diques à vontade onipotente? Tudo se operou conforme a lei, segundo a sacrossanta vontade.

— Mas dize-me: se o que sofre na Terra e no Espaço sofre em consequência da lei da Eterna Justiça, como entender que a prece venha produzir qualquer alteração no sofrimento, que vale por alteração na lei eterna e imutável? A Onisciência, que tudo dispôs para os séculos, não dá testemunho contra si, alterando e retocando ocasionalmente sua obra, que deve ser infinitamente perfeita?

— Assim parece à nossa ignorância, mas sabemos nós quais os limites e condições das leis eternas e imutáveis postas por Deus? Sabemos, porventura, se o que nos parece derrogação da lei não é condição da mesma lei, só apreciável pelos Espíritos que já possuem a ciência da criação? Vou dar-te um exemplo do que nos parece exceção ou derrogação de uma lei natural, fenômeno, aliás, compreendido na mesma lei, mas que, por ignorarmos sua extensão, julgamo-la ferida por ele.

"Conheces a lei da gravidade — prosseguiu Bartolomeu dos Mártires —, em virtude da qual todos os corpos caem, por seu próprio peso, sobre a terra. Pois bem: mergulha uma cortiça num vaso d'água e a cortiça, que é o corpo pesado, ao invés de ir ao fundo do vaso, como é da lei, sobe para a superfície em oposição a essa lei. E a água que sobe por um cano a grandes alturas contra a lei da gravidade? A Ciência, a imperfeita ciência dos homens, esbarrou-se diante desses fenômenos, que lhe pareceram inexplicáveis; mas a verdadeira ciência, a que compreende todas as leis em suas relações mútuas, veio, por mais um jato de luz, demonstrar aos sábios que a cortiça e a água que sobem obedecem à lei da gravidade. Hoje, vós todos já o compreendeis, graças à descoberta de Arquimedes. Quando os sábios, os estudiosos chegarem ao conhecimento de toda a extensão e compreensão da lei da Justiça Eterna, então saberemos se a prece pode ou não alterar, atenuar e, até, suprimir os sofrimentos, que são o efeito dessa lei. Já sabemos, porém, que ela é benéfica àquele que a faz e ao que a sente e é por ela tocado até o arrependimento. A prece é, portanto, recomendada como o melhor fruto da nossa caridade."

Tocou-me profundamente a sábia lição, em face do que estava vendo sem saber explicar! O fato era patente: a mulher orou, o Anjo baixou, e o tigre transformou-se em cordeiro. Como e por que o fato se deu, aparentemente contrariando a lei, eu não podia compreender, mas fiquei sabendo que nada se altera no plano eterno da Eterna e Infinita Perfeição.

Deixei os dois no antro e voltei ao corpo.

CAPÍTULO XIX

Havia em mim alguma coisa que me distraía das ocupações habituais, sempre queridas, e agora sem maior sabor. Eu tinha uma vaga intuição de que algo fora do meu entendimento hominal me preocupava e produzia aquela distração. Quantas vezes nos acontece caso igual, sem que todo o nosso saber, todo o saber humano possa de longe explicar? Eu estava preso ao quadro que estudava, enquanto desprendido, e meu ser misto nada sabia, porque nem sempre lhe é dado receber todas as impressões.

— Vê, estuda e aprende — falava o Guia.

Na morada do furioso chefe, instigado pelo cruel inimigo do filho para mortificá-lo, tudo era desolação, porque todos ali amavam o moço condenado. Não houve rogos e súplicas que abrandassem a furiosa raiva do assanhado tigre. Ao contrário, dir-se-ia que eram óleo atirado à fogueira, pois quanto mais lhe falavam em compaixão, mais ele se exaltava no perverso desejo que lhe parecia delicioso néctar.

Os Espíritos atrasados sentem prazer no mal. O gozo dos bons é inerente à natureza de suas alegrias. A daqueles é de impressão desagradável, de amargura que, se não lhe tira o valor, não deixa de perturbá-lo. É bebida tomada em temperatura de queimar as faces. A destes é filtro incomparável que dá à alma sentimentos tão doces e suaves que inebriam sem mescla de azedume. É um canto divinal de ave do paraíso.

O poderoso chefe sentia, pois, o gozo de esmagar o miserável que desonrara seu nome, mas aquele gozo tinha o sabor amargo, tênue como o raio do sol nas trevas. Lá, no mais profundo íntimo, subsistia, embora quase amortecido, o sentimento de paternidade, que, nos próprios brutos, exerce maior ou menor império. O miserável que manchara seu nome era seu filho! Enquanto o Espírito das trevas soprava-lhe o orgulho e a vaidade, para fazê-lo instrumento de sua vingança, o Espírito da luz, aquela mulher enviada pelo anjo da misericórdia, agitava e alentava, com seus fluidos, os restos amortecidos do amor paternal. Na lava do primeiro, militavam todos os instintos ferozes daquela natureza atrasada. A favor do segundo, falava apenas o sentimento, embora ainda grosseiro, que assenta seu trono em todo coração animal. Acima de tudo, porém, estava a misericórdia do Altíssimo.

Já se preparavam os instrumentos do martírio, o programa da tremenda execução estava formulado, não faltando sequer os nefandos agentes. Faltava apenas que fosse dada a ordem por quem realmente tinha o poder de dá-la. Todos aguardavam o momento, fatal para uns, feliz para a multidão que ama as grandes cenas. E o tempo passava, e o chefe não se movia. Um fisionomista descobriria que a alma danada daquele homem estava perplexa, não tinha mais a decisão da primeira hora.

Já era alto o Sol, o calor abafava o povo amontoado na praça, todos os olhos estavam postos na casa do chefe, mas esta permanecia fechada e ninguém dela saía. O que era aquilo? O que se passava ali? Era a luta do bem e do mal, do Espírito das trevas e do Espírito da luz, como sabemos. Entre seu orgulho, que reclamava um desagravo estrondoso, e seu amor, que lhe segredava a palavra clemência, o desgraçado chefe, a princípio todo fúria, debatia-se agora com

Capítulo XIX

o sentimento da piedade. A luta era tremenda, cedendo ora a um, ora a outro, mas não podendo decidir-se por um ou por outro. Nesse ponto, o instigador do mal foi retirado e o do bem retirou-se espontaneamente, para que livre ficasse o desgraçado a tomar definitiva resolução. Já era muito ter aviventado o sentimento do amor e alcançado a completa ausência de influência maléfica. "Deus se compadeça de ti", disse a angélica mulher ao retirar-se, "e teu Guia te sugira uma resolução salvadora."

De repente, viu-se sair da casa real um dos mais graduados agentes do chefe, que foi direto ao cárcere do príncipe. "Vai buscá-lo, não tarda a execução", murmurejava toda a gente. Aconteceu, porém, que o agente, em poucos segundos, voltou só e foi direto à casa do chefe. Este, sentindo-se propenso à clemência, para assombro de si mesmo, mas não podendo abafar seu orgulho, resolveu mandar ao condenado o seu perdão, sob condição de romper ele os laços com a vil mulher que desposara. Ambos cederiam, e a paz restabelecer-se-ia.

— Prefiro morrer, levando comigo a lembrança impoluta do meu desgraçado amor, a viver, tendo em mim, sempre incandescente, o fogo do remorso e a chama do maior desespero.

A essa resposta, a fúria do homem subiu ao frenesi, e, três vezes, abriu a boca para dar a ordem fatal, mas a calma e o bem-estar que sentiu, julgando terminada a questão sem o sacrifício do filho, moderaram-lhe o assomo. Numa perturbação indescritível, recolheu-se a seu aposento particular e atirou-se ao leito, como que embriagado. Horas levou sem pensar, sem consciência de si, até que, passada a crise, começou a refletir.

"Ceder, tudo! Impossível, seria vilania. Mas... ele também cederia tudo, porque não é homem de temer a morte, quem sabe? Talvez ele tenha razão, seja mesmo um erro considerar desiguais os homens por seu nascimento. Meu filho não é um indigno e se ele se liga a uma mulher inferior pelo nascimento, é que essas diferenças não têm razão de ser, são falhas de nossos antepassados, mais atrasados do que nós. Ele vê muito mais do que eu e, portanto, em vez de abraçar-me com os meus do passado, devo, antes, abraçar-me com ele, que é homem do futuro. Eu já não adotei o seu ensino de que todos os homens são iguais perante a lei? Por que não adotar a opinião de que não há alguém superior nem inferior pelo nascimento, que não depende da própria vontade? E é como ele pensa que eu sinto.

Condenei-me, condenando-o, prossegue o pai, mas... vou reparar o mal que fiz, vou chamá-lo a mim, vou consagrar o seu ato, extinguindo as classes em meu império e proclamando o grande princípio por ele revelado ao mundo, o da igualdade de todos, em todas as relações sociais. Oh! como me sinto bem! Está, pois, resolvido: vou, eu mesmo, buscar meu filho e pedir-lhe perdão do mal que lhe fiz."

A nuvem negra que envolvia o cérebro daquele homem desfez-se como a geada, ao calor dos raios do sol, tal é o efeito de toda boa resolução. Paz serena e doce alegria espalharam-se por todo o seu ser. A angélica mulher, que assistia o condenado, sentiu a boa resolução, que não podia atribuir senão à misericórdia de Deus e, num êxtase de humildade e reconhecimento, deu graças ao Pai dos Céus, que sempre ouve amorosamente as preces ungidas da alma de seus mais pequeninos filhos.

CAPÍTULO XX

Agitava-se a massa, impaciente pela demora da expectante execução. A volta do agente, sem trazer consigo o condenado, foi um desapontamento geral. Se um povo civilizado, ou que por tal se tem, deixa seus mais urgentes interesses para ir à praça pública recrear a vista ao espetáculo de uma execução, do decepamento da cabeça de um seu semelhante, o que esperar de pessoas completamente boçais como as de Vênus?

O que leva à praça essa multidão, que se acotovela no empenho de ver um ser humano, cheio de saúde e de vida, acabar, num momento, nas mãos do carrasco, pelo laço ou pela guilhotina? Será o sentimento de piedade, de amor ao próximo que os congrega, para acompanharem, com suas preces, o Espírito que se desprende? Não, não é sentimento humano algum, é curiosidade ferina, são instintos bestiais que protestam contra seus adornos de civilização.

Em que diferem as execuções dos circos das que se fazem em nome da lei? Unicamente em que se chama àquilo barbarismo e a isto, justiça, pois é mais indigno chamar de justiça um ato da mais requintada barbaridade. As do circo tinham a atenuante de não conhecerem a lei do amor, que os da força e da guilhotina só conhecem para calcá-la aos pés. Enquanto, em nome da lei social, se der o escândalo dos assassinatos oficiais, não se diga, pelo amor de Deus, que existe civilização! Civilização só existirá quando e onde as leis procurarem punir o criminoso, corrigindo-o e não mantendo-o nos presídios de seus sentimentos condenáveis.

O povo de Vênus estava no seu posto, atentamente à espera da execução do príncipe. O senhor anunciara o espetáculo, por que não ansiar por ele? Estava, pois, no seu posto, aguardando a realização da promessa do chefe e senhor.

Enquanto esperava, distraía-se, formulando conjecturas sobre a demora daquele acontecimento e, principalmente, sobre o inexplicável fato da ida do grande agente à prisão do condenado e de sua volta de lá.

Faziam-se e desfaziam-se, como bolhas de sabão, explicações sobre explicações, cada qual mais distanciada da verdade. É esse o dom particular dos ajuntamentos populares de todo tempo e de toda parte. O dom é impessoal, mas os ajuntamentos são pessoais, *faciant meliora potentes*.[12] Pode-se dizer que eles não cessam de criar, e nada do que criam tem condições de viabilidade. Entretanto o povo detém o instinto da verdade em todas as relações, de modo que, sem saber como nem por que, correm à nata popular coisas sobre que ninguém individualmente conhece.

O Sol já se aproximava do seu ocaso diurno, e as sombras das mais altas montanhas estendiam-se para os vales da parte oriental, quando um sussurro, que parecia longínquo ruído de ventania, irrompeu do seio da massa popular e foi subindo de diapasão, até confundir-se com o ronco do trovão ou de cachoeira próxima. A esse ruído, que se pode chamar de aspiração da massa popular, seguiu-se um silêncio absoluto, como se todas aquelas criaturas tivessem,

---

[12] Que os competentes façam melhor.

Capítulo XX

ao mesmo tempo, caído em catalepsia. Foi o que ocorreu, quando se abriu a grande porta da morada do chefe e este apareceu acompanhado de todos os seus serventuários.

— É ele, aí vem ele!

O chefe, sem atender, até mesmo sem perceber a multidão, passou silenciosamente por ela e enfiou-se pela gruta, onde era o tenebroso cárcere do Estado.

— Agora não falha! — murmurou em grande voz aquele povo. — Agora temos infalivelmente a festa! Pena é que já seja tão tarde para bem apreciar-se o espetáculo em todas as suas peripécias. Não importa, o essencial é que ele venha!

E cada um, imaginando qual seria o local da execução, procurou o lugar mais azado para melhor ver o brilhante sucesso. Houve um rebuliço infernal, no seio da grande massa, como se revolveriam as moléculas da água de um pequeno lago em que, de súbito, caísse um aerólito. Acomodados todos, via-se aquela massa compacta, de olhos postos na entrada da caverna, por onde deveria sair o lúgubre e, por isso mesmo, o suspirado cortejo.

Lá dentro, onde o pai foi ter com o filho, não se pôde ouvir o que disseram. O que vi foi a comitiva fora do cárcere, no qual penetrou unicamente o chefe. Impávido e senhoril, ergueu-se o moço condenado, trocaram os dois palavras por algum tempo e, finalmente, estreitaram-se num abraço, que se pode dizer longo, largo e profundo. Essa a cena visível a olhos corpóreos, outra bem mais tocante oferecia-se aos olhos espirituais.

A estreita e tenebrosa espelunca, onde os dois se acreditavam sós, alargava-se ao infinito, sem paralelos ou limite algum. Uma luz clara como a neve, que cobre o cume dos Alpes ou dos Andes, inundava os imensos espaços. Uma multidão, milhões de vezes mais numerosa que aquela que aguardava, lá fora, o sangrento espetáculo, acercou-se dos dois homens abraçados, jogando sobre eles flores tão lindas, tão aromáticas que o olfato humano não pode aspirar. Eu vi e exclamei fora de mim: "Deus, meu Deus!".

A boa mulher, que fora o instrumento de tão auspicioso desenlace, em risos que se lhe desprendiam dos lábios como ondas de luz, em lágrimas que lhe vertiam dos olhos como pérolas que a neve escurece, abria o seio angélico aos eflúvios celestes, para, no auge do mais puro sentimento de gratidão, exclamar: "Deus, meu Deus!".

Rompe o cortejo da prisão. À frente da comitiva real, que tudo desconhecia, o pai e o filho tratavam-se um ao outro como se nada tivesse perturbado a doce e amorosa harmonia em que sempre viveram. O povo expandia a fisionomia como a fera abre as narinas ao cheiro do sangue, que lhe é a suprema delícia. O cortejo, porém, segue, majestoso e solene, para a morada real, onde penetrou e se perdeu das vistas da multidão. Ninguém compreendia o estupendo fato, ninguém acreditava mesmo que ele tivesse ocorrido. Não fosse uma copiosa chuva, que, sem a pressentirem, caíra sobre eles, os pobres seres, ainda hoje, estariam firmes como estacas, aguardando, na praça, o sublime espetáculo. Aquela providencial ordem de debandar foi, pois, a razão de compreenderem que tudo estava perdido.

No dia seguinte, apareceu a ordenança real, extinguindo as classes e sagrando o casamento do príncipe.

CAPÍTULO XXI

Tudo passou. O ódio transformou-se em amor, a sede de vingança, em haustos de reconhecimento. Todavia, assim como um pingo de tinta mancha a veste mais alva, imprimindo-lhe uma nódoa que a impossibilita de ser usada em seleta reunião, aqueles negros sentimentos mancharam a alma, imprimindo-lhe nódoas que a excluem do comparecimento à mesa do festim divino. Porém, da mesma forma que se limpa a nódoa das vestes do corpo, restituindo-se-lhe a primitiva alvura, apaga a alma as suas nódoas, submetendo-se, arrependida e resignada, à lei da soberana justiça, que guarda, em seu escrínio, o dulcíssimo favo da misericórdia do Criador e Pai de todos os seres humanos. O moço príncipe faliu naquela prova que lhe era um meio de resgate de sua enorme dívida passada.

— Faliste, sim — falou Bartolomeu dos Mártires —; mas amparou-te a Misericórdia do Senhor, ouvindo as preces daquela bem-aventurada mulher e mandando seu Anjo soprar-te benéficos fluidos, pelos quais tivesses a paz e, no seio da paz, pudesses livremente aceitar ou não o teu maior dever. O bom impulso que já trazias arrojou-te para o melhor entendimento da tua missão reparadora, e teu coração abriu-se aos doces sentimentos, que o limparam dos condenáveis como a luz espanca as trevas. Firmaste novamente o pé na escada da regeneração, contudo o passo falso que deste acarretou-te responsabilidade que tiveste de resgatar em cumprimento à lei indefectível.

— Mas, bom amigo, o arrependimento não lava a culpa?

— Não, o arrependimento suspende a pena da culpa; mas a alma, perdoada daquela pena, sente, ela mesma, para subir às regiões da pureza, necessidade de apagar a mácula que lhe deixou a culpa e pede os meios de limpar--se pela expiação ou reparação, em que dê a prova da sinceridade do seu arrependimento. O perdão provocado pelo arrependimento é uma verdadeira moratória, tanto que, se o espírito em expiação reincide na falta, provoca, *ipso facto*,[13] a renovação da pena.

— Então, o príncipe vai sofrer a horrorosa pena que lhe foi imposta após a existência passada?

— Não, porque ele já amortizou uma grande parte de sua dívida passada, e, portanto, o credor só o acionará pelo restante.

— E se ele novamente se arrepender da fraqueza que teve?

— O amor do Pai é infinito e perdoá-lo-á como da primeira vez e sempre que se arrepender, mas nunca o dispensará de novas provas, até que as tenha completado.

— Sublime! — exclamei. — Justiça e amor unidos como dois sentimentos gêmeos!

— É assim mesmo: Deus exerce sua justiça por amor e, seu amor com a mais perfeita justiça.

— Só o desgraçado que não conhece tais grandezas pode negar a existência de um Pai dotado de tão infinitas perfeições!

— Tens razão. São mesmo desgraçados, mas relativamente, porque atrasam seu acesso às regiões da felicidade; não, porém, em absoluto, pois, mais cedo ou mais tarde, a

---

[13] Por isso mesmo.

Capítulo XXI

luz o penetrará, e todos tomarão o caminho da casa paterna, segundo a lei da salvação universal.

Enquanto me enriquecia com esses sublimes ensinamentos, arrancava-se o príncipe dos afagos paternos, para fruir outros que lhe eram de mais fino quilate: matar saudades e desejos nos braços da sua adorada esposa. "Ela já deve estar nadando em alegrias", corria pensando, "porque não há mais quem ignore o feliz desfecho do drama que parecia terminar com nossa desgraça. Deve estar ansiosa à minha espera, como eu anseio por ver o brilho celeste de seus olhos." Com inaudita velocidade, venceu a distância entre a casa do pai e o abrigo da esposa, mas, que horror! à porta do tugúrio, ninguém!

Brada como um louco, ninguém responde! Penetra, com o olhar, o antro abandonado. Mete os ombros à laje que serve de porta e, num instante, acha-se no interior do tugúrio, mas que cena horrorosa se lhe apresenta! Atirada a um canto escuro, jaz, imóvel, alguma coisa que tem a forma de gente. Toca-lhe com o pé e reconhece que é um corpo, mas corpo sem vida, pois que fica inerte, apesar de impelido quase rudemente. Toma-o nos braços, carrega-o para onde a luz lhe facilite o exame e aí percebe que tem diante dos olhos o corpo da pobre velha que agasalhara sua adorada.

Que raiva e que esperança! Raiva por lhe parecer estar morta a que lhe poderia dar notícia do destino que teve o ídolo de seu amor. Esperança, último sentimento que abandona o desgraçado, porque ainda julga possível chamá-la à vida e colher dela a luz para seu coração. Não perde um minuto. Recorre a todos os meios que a ciência de sua gente, de seu mundo e de seu tempo aconselha em tais casos. E tal era a força de vontade, por não dizer a fé, com que operava, que, quando ia desanimar, sentiu quebrar-se aquela inércia pavorosa e ouviu, como um ligeiro cicio, soar-lhe aos ouvidos moribundo gemido.

— Ainda há vida! — exclamou. Quase loucamente, repetiu os processos até ali empregados e, por fim, conseguiu que o corpo se movesse, os olhos se descerrassem e um som gutural rompesse o silêncio tumular, não mais como uma nota de gemido, porém como uma palavra articulada — água. Correu a dar água à ressurgida e, sem poder conter a alegria que lhe irrompia do peito, bradou: "viva!". Estava, efetivamente, viva a pobre velha, a chave dos mistérios que lhe valiam mais do que a própria vida. Foi, talvez, mais difícil conseguir que recobrasse a consciência do que fora fazê-la recobrar a vida, mas a vontade ou a fé vence o impossível. A velha ergueu-se, mas não se pôde ter e, gemendo, atirou-se, feito massa quase informe, sobre o chão da espelunca.

— O que tens, boa mulher?
— Quebraram-me os ossos, sinto dores de morte.
— Quem foi que te quebrou os ossos?
— Quem havia de ser? Os dois malvados que me mataram para eu não descobrir seu negro crime.
— Que malvados e que crime foram esses?
— O pai e o escolhido para homem de tua mulher. Eles te viram sair e, imediatamente, invadiram esta casa.
— E a moça? e a moça? o que fizeram dela?
— Amarraram-na e conduziram-na às costas.
— Mas por que te fizeram mal?
— Porque eu gritei por socorro e procurei obstar a realização do negro crime.

O príncipe não quis ouvir mais e, dando urros igual a uma fera, partiu da gruta, como a leoa de quem tivessem roubado os filhotes, em busca dos malvados que lhe haviam roubado o coração. Ao receber, porém, o choque do ar livre, sentiu que não deveria abandonar a desgraçada velha e foi procurar um curandeiro, a quem confiou seu tratamento.

— Esse bom sentimento — disse o Guia — conquistou-te a Misericórdia do Senhor.

CAPÍTULO

XXII

Aquele bom sentimento, pelo qual conquistou o príncipe a Misericórdia do Senhor, não lavou seu coração dos sentimentos de ódio e de vingança contra os dois miseráveis que lhe roubaram a pérola de sua alma, a luz de sua vida. Como, então, coexistirem, no mesmo vaso, princípios ou elementos que se destroem como o ódio e o amor, a avareza e a caridade, a água e o fogo? É que a carne tem instintos; e o Espírito, sentimentos. Como o homem é carne e espírito, ele encerra, em si, os instintos da carne e os sentimentos do Espírito.

A evolução humana para o alto destino posto à Humanidade consiste, exatamente, em depurar-se o ser da influência dos instintos sobre os sentimentos. Somente quando se consegue tal depuração, é que se chega ao estado de Espírito superior, isento de toda influência material. É, pois, necessária ao progresso humano a coexistência dos sentimentos e dos instintos, porque do choque de uns contra os outros é que nasce a luz, é que resulta o merecimento para a elevação do ser humano, é que se tiram os elementos da luta, sem a qual não haverá mérito, nem luz, nem elevação.

O príncipe, que ainda não se havia desprendido da matéria, embora já lhe tivesse vencido grande parte, como vimos nos traços expostos de sua história, devia ser ainda passível aos influxos da matéria, daí, coexistirem nele os instintos de ódio e de vingança, os sentimentos de piedade e de caridade. Meio luz, meio trevas, lá vai ele, deixando um rastro de luz pelos cuidados que dispensou à pobre velha e enfiando-se pelas trevas, em busca de saciar o ódio e o desejo de vingança, no ímpeto com que procura os raptores de sua amada.

Foi à casa do pai da desgraçada e achou-a deserta. Foi à casa do bandido que jurou possuí-la e deserta igualmente a encontrou. Como louco, tomou o bordão de peregrino e, pedida a vênia ao pai, que lhe pôs no dedo o anel símbolo de seu poder, saiu por montes e vales, caminhos e matos cerrados, à procura dos fugitivos.

Correu toda a extensão dos domínios de seu pai, sem descobrir vestígios dos que procurava. Já desanimado, pensava em voltar à casa paterna; mas que horror! como viver sem a luz dos olhos, sem a vida da alma, sem a alma de seu ser? Uma noite, noite tenebrosa, em que todas as tempestades do céu se despejavam sobre a terra daquele mundo, ele foi refugiar-se em uma caverna cravada em monstruoso penhasco, que se sobressaía à gigantesca mata secular.

Encaminhando-se para lá, notou um trilho aberto na espessura por mão de homem. Não lhe causou surpresa a descoberta, porque, assim como ele, outra pessoa poderia ter procurado amparo contra as tempestades. Seguiu o trilho e penetrou a imensa caverna, onde procurou lugar apropriado para dormir. Já próximo de amanhecer o novo dia, despertou assustado com um sonho horrível que tivera. Viu, no sonho, a mulher que era seu pensamento quase exangue, trespassada por agudo punhal, vibrado pela mão do bandido que queria forçá-la a se lhe entregar.

A mísera bradava por socorro e só o pedia a ele, a ele, que nem a ouvia. No desespero de tal visão, acordou

Capítulo XXII

e, assim que acordou, ouviu, com nitidez, um plangente gemido como de quem estivesse a se finar. De um salto, ergueu-se do improvisado leito e, prestando ouvidos, reconheceu que, de fato, alguém gemia, lá no fundo da gruta. Tomar suas vestes e armaduras foi obra de um segundo, após o qual, marchou cautelosamente para o ponto de onde lhe vinham os gemidos. Já a luz do dia penetrava por larga fresta do penhasco, no interior da imensa caverna, quando ele se deparou com um corpo estendido a um canto da rude habitação. Era dali que partiam os gemidos, e, trêmulo de emoção, dirigiu-se até lá.

Sobre folhas silvestres, dispostas em forma de leito, jazia o corpo que o atraíra e agora o fazia singularmente. Era de mulher, mas estava colocado de modo que a luz não permitia ver-lhe o rosto. À aproximação daquele corpo, o príncipe sentia pulsar-lhe o coração e fraquejarem-lhe as pernas, como se uma desgraça estivesse iminente. Seria uma previsão ou o efeito do sonho que tivera? Fosse o que fosse, ele mais se arrastou do que andou para junto da pobre mulher, a quem dirigiu a palavra, perguntando o que a fazia gemer. À sua voz, um grito de dor e de alegria irrompeu do íntimo daquele corpo já quase inanimado.

— Será possível que eu te veja antes de deixar a vida?!

Dois gemidos e dois corpos uniram-se, dois lábios colaram-se. Era ela a causa de todas as suas dores na vida, a que procurara por montes e vales, caminhos e matos cerrados. Mas que horror! Era ela a desejada, porém em que estado a encontrava! Se ainda era viva, a vida estava-lhe presa por tenuíssimo fio. Talvez fosse melhor nunca mais tê-la visto do que encontrá-la naquele estado: vê-la, sentir as alegrias do Céu e cair no báratro das mais horríveis torturas. Assim mesmo, aquelas duas almas banharam-se num oceano de alegrias.

É assim o coração humano! Sua lógica não é a da razão, é a do sentimento, e o sentimento tem seu horizonte circunscrito ao presente! Os dois amantes viveram, naqueles segundos, uma eternidade. Gozaram, num curto espaço de tempo, as alegrias de uma vida sem termo.

A moça, passada a doce comoção, falou sobre o que lhe sucedera, desde que se separaram. Os dois corvos deram sobre ela e transportaram-na para aquele lugar, pensando ficarem, ali, isentos de qualquer perseguição. Não houve ameaça ou promessa que não empregassem, para que ela se rendesse ao amor do que lhe fora apresentado por seu pai. Mas percebendo que tudo seria inútil, este a deixou entregue ao bandido, que a tratou com extremo rigor, empregando a violência, a fim de vencê-la. Desenganado de alcançar seu fim, o facínora recorreu, na véspera, ao punhal, com o intuito de intimidá-la; mas tal foi a resistência dela que, perdida a razão, cravou-lho no peito e prostrou-a naquele estado.

Terminada a narração, a pobrezinha ergueu-se até abraçar e beijar o caro esposo e mal pôde articular estas palavras:

— Sê feliz e chora por mim.

Estava morta.

CAPÍTULO

XXIII

Sim, Ele teve misericórdia. De outro modo, não se poderia explicar o fato de ter acertado o pouso, onde agonizava sua amada, para suavizar-lhe os últimos momentos: grande bem para o que ama o ente que se fina. A misericórdia é uma graça, e as graças não são distribuídas sem lei, porque, então, Deus teria preferências e exclusões, em detrimento de seu principal atributo: a justiça.

A lei da graça requer títulos da parte dos que a recebem, títulos que a provoquem, seja quem for aquele que os possua. E, portanto, assim como ela é geral, é também proporcional aos títulos de benemerência. Quem praticar o bem como um, receberá graça como um e quem merecer como dez, receberá como dez. O que merecer como cem, e tiver culpas como mil, não receberá a graça que o lave de todas as culpas, mas somente na razão daquelas que suas boas obras resgatarem.

A lei da graça é paralela à do perdão, que não se obtém por todas as culpas e sim na razão dos merecimentos que se vai alcançando, até alcançar-se tantos que cubram todo o mal feito, todo o passivo. Assim, pois, quando Bartolomeu dos Mártires disse que, por aquele ato de piedade para com a pobre velha, ele recebeu misericórdia, não se deve entender que ficou perdoado e purificado. E tanto é assim que, tendo tido a satisfação do seu maior desejo, o de descobrir a cara esposa, embora moribunda, recebeu logo o golpe de perdê-la, uma dor que não lhe viria, se purificado estivesse, porque somente sofre quem tem culpas a resgatar.

O moço ficou prostrado àquele golpe, o mais cruel que podia ferir-lhe o coração; contudo não perdeu a razão e, pensando bem, concluiu: "antes tê-la morta em meus braços, pura e bela como veio à vida, do que recebê-la viva e maculada pelo hálito infernal do miserável. Morrer é lei para todos e eu sabia, quando lhe dei o coração, que a morte, mais cedo ou mais tarde, nos separaria. Ela veio mais cedo do que eu esperava, porém antes assim do que sabê-la viva e não conhecer-lhe o paradeiro, do que descobrir-lhe o paradeiro e encontrá-la poluída. Que horror! amar com todas as forças e saber que o ente amado já teve os beijos, embora por violência, de um outro. Nada tão egoísta quanto o amor, e o que seria do meu, se, ao contato da mulher amada, me viesse a lembrança de que aquele corpo já satisfizera a concupiscência de outro? Em tal caso, deve-se sentir prazer e dor: prazer porque se ama, dor porque esse amor não pode satisfazer seu egoísmo, que é o seu néctar, a sua ambrosia, a sua razão de ser".

"A mulher amada", continuou o príncipe, "que foi violentada é uma falena em forma de áspide: atrai e repele, ao mesmo tempo. Deseja-se com toda a força do amor e evita-se como a fresca sombra da mancenilha. Amor requer pureza, e pureza não possui, senão na alma, a mulher que sofreu violência em seu pudor. Felizmente, minha amada morreu pura, digna do meu amor, morreu por meu amor. Foi uma sombra que me encantou a vista e se perdeu nos espaços, gravando, em mim, uma impressão que jamais se apagará e será cada vez mais resplendente; um sonho que se desfez ao acordar, mas que permanecerá em minha memória; uma estrela brilhante que surgiu em minha vida

Capítulo XXIII

e que densa nuvem me encobriu dos olhos. Não importa: sombra, sonho, estrela prenderão meus pensamentos, farão palpitar meu coração, nortearão o meu caminho por todos os dias de minha triste vida. Adeus, mulher querida, adeus, até que eu vá encontrar-te no seio do Infinito."

Em Vênus como em todos os mundos, há a intuição da existência de Deus — o Criador e Regulador dos seres do universo. A diferença está em ser mais grosseira ou mais nítida essa intuição. Lá, ainda hoje, ela corresponde ao período mosaico da Terra. O príncipe, um dos Espíritos mais adiantados da Humanidade venusina, possuía não só a ideia de Deus, mas também a da imortalidade da alma, embora muito imperfeitamente, e foi com essa crença que disse adeus à sua amada, até seu encontro fora da vida corpórea.

Aquelas manifestações, verdadeiro desabafo, levaram-no às lágrimas, que funcionavam como válvula de segurança contra as explosões orgânicas e morais a que o desespero pode levar. Triste, porém calmo, ergueu-se dali e foi preparar a fogueira, que deveria incinerar, à moda de seu tempo e de seu mundo, o corpo inanimado da que fora, por um momento, o cofre de todos os seus anelos. Feitas as abluções, segundo o rito de sua gente, tomou o corpo sagrado e levou-o para fora da caverna, onde ardia a pira. Mais um adeus, por entre lágrimas do coração, e aquele tesouro foi entregue às chamas, que o reduziram a cinzas.

— Eis ao que fica reduzido — exclamou soluçando — o meteoro que ilumina o Espaço onde gira; que arranca do seu ser, nas Artes, nas Ciências, em todas as relações, os elementos do progresso da Humanidade; que dá encantos à vida pesada deste mundo; que descobre, por entre os hinos da natureza, a origem dos seres, a causa das causas, o Ser infinito! Mas que digo? Não é a um punhado de cinzas que se reduz o Rei da Criação nem a estas cinzas que se reduziu a minha amada. O homem é pó, em virtude do corpo que nasceu do pó, mas sua essência, seu verdadeiro ser vem do Infinito e vai para o Infinito. Eu guardo as cinzas em que se converteu o corpo da minha amada, todavia sua essência sobe, inalterável, para as estrelas e, de estrela em estrela, para... para o grande Ser que a criou. É lá que se encontram os que se amaram aqui; é lá que se trocam as lágrimas por alegres risos; é lá que tem solução o problema misterioso do ser pensante, o homem; e é lá que eu espero encontrar-te, alma da minha alma, doce bem que me fugiste, etérea luz que me guiarás.

"Dorme tranquila, no seio da eternidade, que eu não tardarei em despertar-te, a fim de sermos felizes, uma felicidade pura como transparente é o ar, límpida tal qual a linfa que brota da rocha, sem contrariedades, sem fim como a deste mundo. Descansa e espera assim como espero, lutando contra as ondas encapeladas do oceano desta vida, antítese grosseira da cristalina vida de Além. Dorme que eu velarei, até que, unidos à semelhança de dois raios de luz ou do perfume de duas flores irmãs, gozemos da mesma vida, do mesmo amor, da mesma felicidade, na essência purificada de todos esses bens."

CAPÍTULO

XXIV

Se o homem da Terra, por mais submisso que seja aos decretos do Senhor, não recebe impávido e firme o choque da adversidade suprema, que é a perda do ente amado, da mesma forma que o cedro anoso recebe o choque dos ventos enfurecidos; se o próprio espírita, que conhece o destino dos seres humanos e considera a morte um alvará de soltura do preso, que sofre as atrocidades da pior das escravidões, a do mísero pecador; se mesmo este curva a cabeça, mas envolve o coração em negras nuvens de dolorosa tristeza, como exigir-se que o habitante de um mundo mais atrasado que a Terra olhe, fria e resignadamente, para o lúgubre quadro da extinção de um ser, em quem concentrou todo o amor de que é capaz um coração de homem?

É de admirar-se, e muito, que, em tais condições, se guarde a calma do príncipe, comparada a um oceano manso em sua superfície, mas horrendamente convulsionado nas profundezas. A cabeça resistiu, porém o coração, intumescido, o sufocava. À injunção, que revelara uma esperança consoladora, seguiu-se o ronco do desespero, mais terrível, mais aterrador que o simum,[14] a revolver o oceano de areias do deserto, levantando montanhas sobre montanhas, que sepultam, em seu seio, as malsinadas caravanas que lhe passam na trajetória!

---

[14] Vento muito quente que sopra do centro da África para o Norte.

Esperança cândida, envolta no temporal indescritível do mais indescritível desespero! Mimosa e branca pomba, tomada nos espaços infinitos por uma nuvem de negros e sanguissedentos milhafres! Com passo vacilante, levando, apertado contra o peito, o sagrado cofre que acolhera as últimas relíquias de quem lhe doirara a vida de um instante, o moço voltou à gruta, em que recebera o último pensamento daquela adorada criatura e, parando no lugar de onde se evolara a alma de quem lhe fazia chorar sangue o coração, tomou a funérea urna e balbuciou, entre soluços, as palavras que o poeta mantuano verteu para sua língua e para seus arroubos poéticos: "*dulces exuvitas dum fata deus que sinebant*"[15] e, tendo beijado a relíquia, exclamou com fúria de aterrorizar: "por estas relíquias que me são sagradas, eu juro vingar a afronta e o mal que me fizeram aqueles dois miseráveis".

O eco de sua voz, cavernosa de fazer tremer como se fosse um trovão, reboou pela gruta, repetindo, em diversos tons, a tremenda jura do pobre Espírito, que avançava para a luz e, ao mesmo tempo, recuava para as trevas.

— É assim mesmo — disse Bartolomeu dos Mártires. — Imagina a ascensão de uma montanha por trilhas escorregadias e dize-me se alguém pode fazê-la, ganhando sempre espaço, como quem marcha em terreno plano. O Espírito sobe nas vias do progresso não por tais caminhos, mas lutando contra suas impurezas, que cedem, embora reajam e, enquanto cedem, ele avança e, desde que reajam, ele retrocede. Felizmente, a lei do divino amor jamais permite que

---

[15] Verso de Virgílio, *Eneida*, Livro IV, v. 651; exclamação de Dido, rainha de Cartago, à vista da espada e das vestes de Eneias, e do leito de ambos, antes de suicidar-se por ter sido abandonado por ele, por quem estava apaixonada. Melhor tradução seria: "Doces despojos, enquanto o permitam os destinos e os deuses".

Capítulo XXIV

ele volte abaixo do ponto de onde empreende cada marcha. E, assim, subindo e descendo, ele conquista sempre, pouco ou muito, conforme as energias de sua disposição para o bem, até que, lenta ou ativamente, chegue à linha que separa o terreno fofo do mal do terreno em que só o bem floresce.

"Daí por diante, meu filho — acrescentou o Guia —, ele marcha com galhardia e segurança, sem mais retroceder, vencendo o espaço infinito que tem de percorrer por entre risos, e flores, e alegrias sempre crescentes. Tens visto tua marcha naquele planeta e deves ter notado que, embora te eleves por um pouco de esforço, escorregas do ponto a que chegaste, mas sempre paras acima daquele de onde partiste. Conseguiste assim, dessas migalhas de progresso, fazer a escada pela qual vieste ao mundo em que te achas hoje e, pelo mesmo modo, se não mais desembaraçadamente, construirás a escada que te levará às alturas daquela linha, além da qual o progresso é feito sem interrupções, sem dores, sem tristezas.

"Vês o quadro que te ocupa, neste momento, a atenção? — indagou Bartolomeu dos Mártires. — Compara-o com aquele em que recebeste a misericórdia de Jesus, manifestada pela descoberta da mulher, cuja perda abalava constantemente teus pensamentos e sentimentos. Compara-os e reconhece como subiste, por efeito da caridade que fizeste, e como aí estás quase a precipitar-te, por efeito do ódio e do desejo de vingança, sentimentos opostos ao amor e à caridade. Estes, os brilhantes luzeiros, que iluminam o caminho da porta estreita, onde, unicamente, o puro Jesus espera os peregrinos que voltam a seu seio paternal, cobertos pelos andrajos do filho pródigo, de que nos fala em seus divinais ensinos.

"Não te direi até onde chegarás, filho meu, no império das trevas de que já tinhas quase emergido, dominado agora por aqueles sentimentos de perdição. Mas sempre te direi que um Espírito aberto à luz do bem e da verdade faz jus ao auxílio dos altos missionários da caridade, emissários das graças do Senhor. Embora ele se desvie, bons irmãos o conduzem, mais ou menos depressa, direta ou indiretamente, segundo os méritos adquiridos ao carreiro da salvação."

— Bendito seja Deus — exclamei, possuído de delirante exaltação, ouvindo a elevada exposição dos meios por que o Pai regula, sábia e amorosamente, sem preferências nem exclusões, sempre por leis eternas e imutáveis, a marcha livre de todos os seus filhos para sua casa, que é o Paraíso de delícias inefáveis.

— Bendito seja — respondeu o bom Guia — por todos os povos e séculos.

Volvi à contemplação do quadro representativo do término de minha existência em Vênus, e meus olhos viram aquele Espírito inimigo, que fora banido da casa do pai do moço, a quem instigava contra ele, aproximar-se de novo e acercar-se diretamente dele.

— O Espírito das trevas não dorme! — exclamei.

— Não dorme, à espera da primeira entrada que lhe dermos — respondeu-me o Guia. — É por isso que devemos sempre, como recomendou Jesus, orar e vigiar, sempre, sempre, sempre. Vê, porém, meu filho, que, se Ele vela à espera de qualquer falta nossa, para atrair-nos ao seu reino, não menos solicitamente, vela pela alma que lhe foi confiada o Espírito de luz, que chamais, na Terra, de anjo da guarda. Ali está, junto ao moço desvairado, aquela mulher angélica, que já o salvou da fúria paterna. A luta agora será mais terrível, porque fala no pobre moço mais o coração do que a razão, e o coração está cheio do fel da danação.

Efetivamente, divisei, no ponto indicado, a luz radiante da santa mulher.

CAPÍTULO

XXV

A luz radiante da santa mulher, disse-o acima.
— Mas os Espíritos têm luz?
— Sim, meu filho. Desde que um Espírito se depure das máculas que lhe imprime a matéria, com a qual conviveu neste mundo, formando com ela o homem e recebendo dela influência que o arrasta, assim como o abismo atrai a criatura para seu reino, que é o domínio das paixões carnais, de que resultam todas as potências do mal; desde que se liberte dessa ominosa influência e se dedique às forças do bem, que geram as virtudes, pelas quais o ser humano se aproxima do Criador e do Senhor de todas as perfeições infinitas; desde que chegue a esse grau de progresso, irrompe de seu seio a luz, que, como semente, foi aí depositada — a luz da verdade, a luz do bem, a luz de Deus. Essa luz emana dele como o aroma, da flor e, da mesma forma que há flores mais cheirosas que outras, há Espíritos mais e menos luminosos que outros.

"Aqui, porém, meu filho — acrescentou o Guia —, a maior ou menor intensidade da luz corresponde ao maior ou menor grau de progresso de cada um, de sua maior ou menor pureza, de sua desmaterialização, enfim. O brilho, porém, do Espírito pode ser, à vontade dele, encoberto pelo perispírito como o do sol, quando se lhe antepõe uma nuvem de vapores aquosos condensados. É por isso que os médiuns videntes e os próprios Espíritos atrasados, muitas vezes, tomam por comuns a Espíritos superiores. Estes, se assim o desejarem, manifestam-se com a luz apagada ou no esplendor de sua irradiação luminosa, de modo a surpreenderem os que os julgaram atrasados e sem luz."

E perguntei: — Esses Espíritos de luz não afastam e afugentam os pobres que se revestem da cor da noite?

— Sim, a luz espanca as trevas.

— Mas como é que vejo, ao lado do moço que fui, quase a se tocarem, o Espírito das trevas, negro como carvão, e a angélica mulher resplandecente em meio a suas fulgurações?

— É que vês o que ver não pode aquele desgraçado. Teus olhos já podem penetrar o invólucro que encobre aquelas fulgurações, ao passo que os dele só veem a face exterior. A vista espiritual, meu filho, como todos os sentidos e faculdades anímicas, é mais ou menos penetrante na razão direta do progresso de cada um. Aquela mulher é para teus olhos uma iluminada, contudo, para os olhos do príncipe, é um Espírito vulgar, porque o teu progresso é muito superior ao dele.

"Bem proveitoso foi o estudo de hoje", pensei comigo mesmo.

— Todo estudo é proveitoso — respondeu-me o grande Espírito, lendo-me o pensamento.

— Oh! grandeza! O pobre ser humano que conhecemos na Terra, arrastando-se por sua superfície como um verme, subirá até o ponto de devassar alheios pensamentos!

— E de ver Jesus o pensamento de Deus e, mesmo, o próprio Deus, princípio e causa de tudo o que existe.

— Pode o homem chegar a ver Deus?

— Por que não? O Filho do homem não teve a origem dos homens e não é um com o Pai, segundo no-lo ensinou? Ninguém chegará a essa felicidade desde a Terra, por mais

Capítulo XXV

elevado que seja aí, mas purificando-se, até subir aos mais altos mundos. Assim, por que não vê-lo como Jesus ou Gabriel, que declarou ser um dos que assistem ao trono do Altíssimo?

— Teus ensinos deslumbram-me!

— É porque ainda és muito da Terra, meu filho. Porém, um dia, quando te lembrares das tuas existências na Terra como a ave, dos galhos em que tem pousado, já considerarás bem prosaico tudo o que ora te diz o mínimo dos servos do Senhor. Crê, espera e confia.

— Sim, meu bom pai, creio, espero, confio, porque tuas palavras abrem largo e profundo sulco em mim.

— Louvado seja o Senhor. Continua teu estudo e, mais seguro, firmarás os pés na escada do progresso. O conhecimento que, por misericórdia do Pai e do Filho, te é dado possuir do teu passado será luz para teu futuro.

Sem mais detença, e a nadar num oceano de fluidos suaves e vivificadores, volvi ao quadro representativo de minha última encarnação em Vênus, planeta que eu, desde aquele tempo, procurava, todas as noites, descobrir no firmamento, como entre nós se procura, com doce recolhimento, o lugar onde tivemos o berço. Como homem, eu não sabia a razão da minha espécie de devoção pela estrela vespertina, mas, como Espírito, compreendia perfeitamente o fato: é que nem tudo o que sabemos é transmitido ao ser corporal. Se assim não fosse, por lei da Infinita Sabedoria, o homem conheceria sua missão nesta vida e, então, que mérito lhe resultaria seguir o caminho traçado por Deus para sua felicidade? O mérito está em afeiçoarmos nossos pensamentos, sentimentos e ações ao bem, porque, dessa forma, com certeza, desempenharemos nossa tarefa, que não pode ter outro fim.

Voltei meus olhos para aquele quadro fumarento de uma das minhas existências passadas e tornei a ver, ao pé de mim, o Espírito mau a atrair-me, insinuando-me paixões carnais, que ainda me deleitavam, na pessoa de então, e a seu lado, a mulher, aquele angélico Espírito, igualmente me atraía, mas por insinuações de virtudes celestes, que me chocavam e acendiam em mim vagos e indefinidos desejos.

Um soprava-me a vingança, que ainda me era o manjar dos deuses; outro instilava-me docemente o perdão, que já significava uma previsão mal definida das santas palavras do Mártir do Gólgota. E o moço demonstrava prestar ouvidos a ambos e ficava perplexo entre os dois. De repente, tomando uma fisionomia feroz, de aterrar um tigre, completa o juramento que fizera, bradando: "vingança!".

Inclinou-se, pois, a balança para o lado do Espírito das trevas, que se encheu de infernais alegrias, à semelhança da fera que rasga, com suas garras, as carnes de inocente animal, para saciar-lhe a fome voraz. E o Espírito do bem, a angélica mulher, levou as mãos aos olhos, de onde correram, em fios, pérolas líquidas de amor e de piedade. Chorou como Jesus, ante o sepulcro de Lázaro, todavia, como o Mestre divino, ergueu os olhos ao céu e invocou o poder do Altíssimo, a fim de produzir a ressurreição daquele outro Lázaro. E, no afã da sentida invocação, embebeu-se tanto no sentimento do amor e da caridade que seu perispírito, desfeita a condensação mantida a propósito, deixou brilhar, com toda a intensidade, sua luz espiritual, que encheu a caverna das iluminuras do céu, em virtude das quais o filho das trevas, deslumbrado como ave noturna à luz do dia, fugiu, ganindo e proferindo satânicas juras.

CAPÍTULO

XXVI

Houve qualquer abalo na atmosfera que envolvia aquele quadro vivo, pois o moço que bradara vingança levou as mãos às frontes, como se lhe tivesse subitamente faltado algo para alimentar o negro sentimento. Nem ele nem o mais sábio do mundo poderiam definir o que se deu e causou aquele profundo abalo. É que, em torno de nós, cobertos por um véu impenetrável à nossa vista, dão-se fatos extraordinários, que nos influenciam e nem de leve suspeitamos, assim como nas coisas acessíveis sentimos, muitas vezes, o efeito de causas que não conhecemos, ou seja, o envenenamento por emanações palustres. Passamos por um foco, somos infeccionados; mas quem viu a emanação daquele foco? A diferença está, simplesmente, em que um caso trata das coisas do mundo moral ou invisível e o outro refere-se ao mundo físico ou visível.

Por essa razão, mesmo no recesso de nosso ser, produzem-se fenômenos que nos surpreendem por sua oposição a nosso modo de pensar, de sentir, de agir, à nossa natureza moral, enfim. Aqui, sim, cabe a teoria das sugestões, mas sugestões por forças estranhas ao homem; pois é dentro do próprio indivíduo, muitas vezes durante o sono, que se opera tal oposição. Deitamo-nos firmes numa resolução e acordamos decididos a prática oposta. Assim se explicam as fases por que tem passado o moço príncipe, ora sugestionado para o mal; ora, para o bem. Podemos, ainda, atribuir a causa estranha o desfalecimento que ele, ex--abrupto, manifestou.

À vista da luz celestial que difundia a angélica mulher, anjo por ser um Espírito puro, seu antagonista, demônio por ainda eivar-se de todas as misérias humanas, fugiu como fogem os noctívagos à claridade do dia. E o moço, atuado pelas sugestões opostas, entre as quais aceitava a maléfica, à falta desta, ficou como o nadador que sente um dos braços ferido de paralisia. Procurou equilíbrio, mas apenas conseguiu flutuar e, assim, deixou-se conduzir pela corrente. Saiu da lúgubre caverna como ébrio e, sem mais deter-se, que mais nada tinha a fazer ali, tomou o rumo da casa paterna, a procurar resfôlego na contemplação das cenas que lhe foram os encantos nos dias áureos da vida, em que não se conhecem as tempestades do coração.

Sem dormir e sem comer, sem repouso e sem pensar, lá vai o desgraçado, mal sabendo que foge ao terreno escaldado de uma dor pungente, para aproximar-se do que lhe vai abrasar os pés por não menos pungente dor.

— A vida é isto, meu filho: os golpes sucedem-se e, quando se vence uma barreira, surge logo outra, ainda mais difícil. A vida é o mais formal testemunho do amor e da Misericórdia do Pai celestial. A dor é uma esmola que o Senhor manda a seus escolhidos, e ai do pobre que, ao recebê-la, não bendiz a mão que a dá com tanta caridade.

Voltando ao estudo, deparei-me com o protagonista do drama, em pé, braços cruzados, fronte erguida, a contemplar estranho fenômeno que se desdobrava a seus olhos, lá em baixo, na cidade para a qual se dirigia, onde era a casa de seu amado pai.

Praças e ruas, se assim podem chamar-se os espaços que separam os tugúrios, estavam refervendo de gente, a correr

Capítulo XXVI

em todas as direções, a chocar-se como se batesse em guerra, a enovelar-se qual matilha brigando por um osso. Era uma revolução! Revolução entre gente criada na lei da escravidão mais abjeta que a da besta a seu senhor! Como explicar aquilo?

— O homem é criado livre, meu filho; mas para desenvolver plenamente esse valioso dom, necessita submeter-se a todos os graus de cerceamento da vontade, das faculdades e dos sentidos humanos. Quando está maduro para ascender na escala, dá-se providencialmente o sucesso que lhe quebra uma corrente. Os povos, aglomerações humanas, conquistam sua liberdade pela mesma norma; e o sucesso providencial que lhes faz subir de grau é esse que vês: a revolução. E sabes quem soprou essa revolução? Foste tu, que deste aos brutos a consciência de que são homens. O que estás vendo é tua obra e dá graças a Deus, porque feliz é todo o que concorre para o progresso de seus irmãos. Se a tempestade que varreu os miasmas daninhos causar prejuízos, não importa, porquanto sua obra de mal é transitória, e a de bem é de eterna duração.

O príncipe não compreendia tais conceitos, pois que o vi, narinas acesas, olhos injetados, face tigrina, atirar-se, como louco, no turbilhão revolto que era a revolução dos escravos de seu pai. Ansiava defender o caro pai ou morrer com ele e correu em direção à amada casa, mas não a encontrou ilesa: para lá entrar, foi preciso romper a massa dos bandidos que, em ondas, a invadiam. Era indescritível a raiva com que estes procuravam quem sempre os subjugara por um simples olhar. O moço foi ao encontro do pai, mas oh! desgraça! estava esquartejado!

— Miseráveis! — bradou com voz que não parecia de homem, mas de demônio. — Miseráveis! façam a mim o que fizeram a ele, para que a infâmia seja completa e não me fique o trabalho de vingá-lo!

À voz do moço, tal foi a surpresa de toda aquela gente desenfreada, que uns cobriram os olhos com as mãos, outros atiraram-se por terra, muitos fugiram, largando as armas, e todos ficaram mudos e estáticos, parecendo antes figuras de gesso do que criaturas humanas.

— O que fizestes de meu pai? — bradou o príncipe.

Ninguém respondeu.

— Tendes vergonha da vossa infâmia, miseráveis; pois vou provocar-vos a responderem-me.

Dizendo assim, apanhou do chão a arma que fora de seu pai e com que ele se batera até ser esmagado pela multidão. Ia investir furiosamente, quando um do bando lhe disse:

— Eu vou dar-vos explicação.

CAPÍTULO

XXVII

À voz do saleb, prometendo explicação ao príncipe do fato horrendo que o transformara em fera, todos se reanimaram, e o próprio príncipe acalmou-se, deixando cair o braço prestes a brandir o ferro. Saleb era uma espécie de tribuno do povo e seu advogado, criação recente entre os venusinos, graças à luz que espalhara o príncipe sobre os direitos do homem, até então bestificado.

— Não há, em todo este povo — disse o saleb — um coração que não te ame, príncipe, como a flor dos campos ama o orvalho da noite. Teu desaparecimento foi a desolação de toda a gente, que já te devia a consciência de si e esperava de ti mais do que a vida, esperava a liberdade. Na consternação geral, sem poder explicar tão inaudito fato, dois homens desta cidade, Jaor e Rant...

— Os meus cruéis inimigos! — bradou o príncipe.

— Ninguém o sabia e, por isso, todos acreditaram neles.

— O que disseram? O que disseram esses miseráveis, aos quais, pelas cinzas da minha mulher, jurei arrancar pelas costas o coração?

— Disseram que teu pai, premeditando reduzir-nos ao antigo estado de aviltamento, te havia mandado assassinar e enterrar o corpo, onde ninguém o pudesse descobrir; te havia poupado do suplício, em público, por temer um levante da massa popular e recorrera ao assassinato por julgar impossível atribuírem-lhe qualquer mal, depois da clemência com que te tratou. Mas eles, encarregados da execução, recusaram-se, tendo, entretanto, a ciência do danado plano.

"Calcula, príncipe — continuou o saleb —, a intensidade de nossa dor e a fúria das paixões que se desencadearam em nós, diante de tal revelação, que nos tirava, por tua perda, a esperança de melhores dias e nos ameaçava de voltarmos ao que fôramos antes de ti, tudo por obra de teu pai. A consciência que nos deste, a de sermos homens, revoltou-se em cada um de nós contra o monstro assassino de seu próprio filho — o bem amado do povo — para reduzir este à condição de besta de carga. Sem plano, por um movimento espontâneo, correram todos à praça, onde os dois enganadores, simulando a mais conscienciosa seriedade, bradaram, como indignados: 'quereis deixar impune a morte do vosso bem amado, desse príncipe que era a aurora de vossa felicidade? Quereis que seu assassino tripudie, vitoriosamente, calcando aos pés os direitos que ele vos concedeu? Quereis voltar a escravos, depois de terdes sonhado com a liberdade?'

"Fui eu quem falou por todos — disse o saleb —, perguntando-lhes o que fazer, ao que responderam: correr à casa do assassino, esmagá-lo e depois escolher para nosso chefe quem nos tenha salvado da ignomínia e seja capaz de sustentar a obra do nosso príncipe. Como o estampido medonho de trovão, que abre espaço à horrorosa tempestade, a massa humana, ali reunida, prorrompeu em brados: 'Jaor sê nosso chefe; Jaor guia-nos à vingança do nosso amado príncipe, à salvação dos nossos sagrados direitos de homens'. E, sem hesitação, mas com a sanha de animais sedentos, correram todos, todos, seguindo Jaor até aqui, onde o perverso, depois de abatido teu pai, o esquartejou, assim como estás vendo, e tomou as insígnias de chefe. Se tivesses chegado dez minutos mais cedo, ter-se-ia descoberto o embuste e evitado tão grande mal.

— E o bandido? o que é feito dele? Roubou-me a mulher amada e cortou barbaramente a vida ao amado pai!

Um ruído, como de tropel de grande número de cavaleiros, fez-se ouvir da parte externa do recinto, e brados de maldição e de ameaças encheram o espaço. A multidão que ali estava arrancou-se em disparada, para o sítio de onde vinha aquele rumor, inclusive o príncipe, que pressentiu alguma coisa de grave acontecendo lá fora. Era terrível a luta e o vozerio entre homens furiosos e dois desgraçados que se batiam, em defesa, suplicando e pedindo perdão e misericórdia. Os que acorreram ao local, reconhecendo os dois perseguidos pela massa popular, atiraram-se a eles, não para defendê-los, mas para esmagá-los. O grito geral era: 'esquartejam-nos como eles esquartejaram o chefe!'. Quando o príncipe chegou, tudo estava consumado: eram dois cadáveres. Jaor e Rant, os autores de todos os seus sofrimentos indescritíveis, tinham pago com a vida suas perversidades! O moço aproximou-se dos dois cadáveres e, cruzando os braços, em soluços, deixou escapar-lhe dos lábios estas palavras:

— Envenenastes minha existência, roubastes-me os dois corações que me faziam as delícias da vida, planejastes assumir o poder para me esmagardes; mas nada conseguistes, porque há um poder que regula as coisas deste mundo, e ele se manifesta pela justiça. Jurei vingar a morte da minha adorada mulher e, agora, a do meu idolatrado pai; contudo outros fizeram por mim a obra da minha vingança e, confesso minha fraqueza, tenho pena de vossas misérias.

— Vês, meu filho — disse-me Bartolomeu dos Mártires —, vês como a fuga do teu perseguidor e a influência do teu anjo da guarda trouxeram-te aos sentimentos naturais? Aquele furioso de há pouco, sedento de vingança feroz, deixa cair uma lágrima de compaixão sobre o cadáver de seus algozes. O negregado Espírito, fugindo à angélica protetora, foi atuar sobre aqueles dois desgraçados, para induzi-los a representarem o horrendo papel, contando que, por aí, te levaria à ruína moral e material: moral pela perversidade a que te atirarias, material pela entronização do teu inimigo, que se valeria do poder para esmagar-te! O mal, todavia, jamais prevalecerá contra o bem, que já existia, em gérmen, em teu coração. E o plano infernal esbarrou-se como estás vendo!

— Deus, então, foi quem determinou o que se deu, aquele sanguinolento desfecho?

— Deus não determina o mal, meu filho, em caso algum; mas também não permite que a lei da Eterna Justiça seja calcada. A lei está posta e sempre em ação; o mal há de ser batido, e o bem, triunfante. A coisa é comparável à transpiração da água através dos corpos porosos. O livre-arbítrio representa grande papel nesta questão. Dize-me: se um homem for condenado a morrer num circo de feras, pode alguém supor que a sentença seja burlada? No entanto não se designa a fera que o há de matar. O que viste foi o cumprimento da sentença divina em um circo de feras humanas.

CAPÍTULO

XXVIII

A lei foi cumprida. Verificou-se o provérbio: *nas ciladas armadas aos lobos, só caem lobos*. Jaor e Rant mataram pelo ferro, morreram pelo ferro. Armaram a cilada para o príncipe, a fim de apanhá-lo nas malhas do seu poder, que já contavam seguro, e eles é que caíram na cilada pela aparição do príncipe, o que não esperavam, antes de terem nas mãos o poder, para esmagá-lo.

Os dois, possessos do Espírito das trevas, implacável inimigo do príncipe, foram instrumentos que se quebraram ao choque da humilde prece do Espírito de luz que o protegia. Tantas lições, tantas provas do poder do bem não abalariam a confiança no mal, que prendia ao negro atraso o negregado Espírito obsessor? Vieram-me, de tropel, à mente esses pensamentos e, logo, meu angélico Guia falou:

— Cumpriu-se a lei, meu filho, porque nada pode obstar seu cumprimento. Mas a lei que se cumpriu não é literalmente a que pensaste: ferro por ferro. Jesus, o anjo de imaculada pureza, disse: 'quem com o ferro ferir, com ele será ferido'. As palavras do Mensageiro do Altíssimo devem, contudo, ser entendidas em espírito e verdade e não segundo a letra, como te parece e à própria Igreja Católica Romana. Se fosse como entendes, se o que ferisse com o ferro, devesse ser com ele ferido, alguém deveria ferir o que feriu, um outro deveria ferir a este e, assim, sucessivamente, o que eternizaria tal processo, aliás, autorizado por Jesus. Entendidas segundo a letra, tais palavras do Redentor levariam esse resultado repugnante aos sentimentos humanos, quanto mais aos do manso e puro Cordeiro. Não deve, pois, ser essa a interpretação das divinas palavras; interpretemo-las em espírito e verdade.

A explanação prosseguiu:

— Dizendo que com o ferro será ferido o que ferir com o ferro, Jesus aproveitou o fato de Pedro ter ferido a Malcho, para dar mais esta lição a seus discípulos: 'O que delinquir contra seu irmão fere a Lei de Deus e, logo, sofrerá a pena da lei, segundo o grau da ofensa'. Aqui, não há mister de vir alguém ofender o que ofendeu seu irmão: o ofensor sofrerá, por efeito da lei da eterna justiça, o castigo do mal que praticou. É o que vemos aí na Terra, cujos habitantes expiam, por mil modos, as culpas do passado, até que as resgatem, praticando tanto bem quanto mal fizeram. É o próprio ofensor quem castiga a si mesmo, recebendo, de boa vontade, as provações que Deus, em seu infinito amor, lhe oferece como remédio para a moléstia espiritual.

"O mal, por conseguinte — disse o Guia —, circunscreve-se ao delinquente e não se propaga, como há outra hipótese, a uma infinita série de pobres seres humanos. E não somente se circunscreve, como também não se eterniza, porquanto o delinquente tem o poder de extingui-lo, rápida ou lentamente, de acordo com sua vontade. Quanto ao que colheu o pobre Espírito perseguidor do moço, dir-te-ei apenas: ninguém permanece eternamente no mal, porque todos são filhos e têm talhada sua herança. E acrescentarei: aquele é hoje teu amigo dedicado."

Volvendo os olhos para o meu quadro, que deixei enquanto ouvia a sábia lição, vi a multidão carregar, para o jazigo dos mortos, os cadáveres dos dois bandidos, que

Capítulo XXVIII

foram lançados às fogueiras. Após, retornou ao palácio, onde o príncipe chorava junto ao corpo do pai, cujos membros cosera ao tronco, refazendo-o. Ao túmulo real, em que já ardia a pira destinada a consumir as vestes carnais do desgraçado chefe, foi este conduzido com o maior respeito e acompanhado pelo filho, que parecia fundir-se em lágrimas. Terminada a cerimônia religiosa, o moço soltou um brado de agonia e, enchendo-se de coragem, recolheu as sagradas cinzas do seu bem amado à urna que fizera para esse fim, dizendo, com a expressão da mais profunda dor:

— Aqui está encerrado o meu mundo; aqui, todos os afetos de meu coração, toda a minha vida, toda a felicidade de minha vida!

E, soltas ao vento estas plangentes queixas, arrimou-se a seu bordão de peregrino, de que já viera munido, e bradou para sua gente:

— Povo que amei e amarei sempre, não quis o fado que eu vos guiasse na dolorosa travessia deste deserto árido a que chamam de vida. Destruído fiquei, meu coração concentrou todo o meu calor. Adeus, vou dar ao coração todos os momentos que me restam, viver exclusivamente para os que morreram. Adeus para sempre.

Com passo firme, tendo o bordão na mão esquerda e apertando com a direita o coração, tomou o caminho das brenhas, cujas cercanias se divisavam muito ao longe. O povo, em massa, soltou um brado de dor e desespero e, formando diante do fugitivo uma muralha humana, conteve-o em sua marcha. Veio, então, o saleb e falou por todos, exprimindo fielmente o que estava no coração deles.

— Senhor, teus servos, teus devedores dos bens que gozam, não te deixarão, na vida e na morte. Aonde fores, irão todos contigo, embora tenham de afrontar as grandes misérias e a própria morte. Eles não recebem o teu adeus, porquanto são teus sócios na vida aventurosa a que te destinas, sem, entretanto, te privarem do isolamento que te apraz. O teu adeus, nós o repetimos, mas em despedida desta terra, onde vamos deixar o túmulo de nossos pais e o berço de nossos filhos. Sigamos, pois, daqui mesmo e já, se insistes em partir.

O moço príncipe gemeu como o oceano em convulsões e, voltando-se para a massa, ofereceu a todos o espetáculo horroroso de instantânea velhice, que fez o efeito da cabeça de Medusa. O povo, assombrado como se tivesse diante dos olhos um fantasma, caiu em terra, molhando o solo com lágrimas de imenso pesar. Esse movimento, tão geral e tão sincero, abalou a sensibilidade do príncipe, que, lançando-se também ao chão, chorou profundamente. Houve um momento de silêncio quase pavoroso. Ergueu-se o príncipe, e ergueu-se o povo; aquele, de fisionomia desassombrada como a atmosfera depois de negro tufão, abriu os braços, ergueu a cabeça, que ainda guardava o toque da primitiva nobreza, e bradou com amorosa comoção:

— Vem a mim, saleb, recebe o abraço que dou ao caro povo em tua pessoa e transmite-lhe os sentimentos de amor, que represo neste coração ferido pelo raio da adversidade.

Estreitando ternamente o moço, o saleb disse com voz trêmula:

— Teu povo aceita, reconhecido, teu abraço e os sentimentos que lhe votas, porém fica para guiá-los, sim?

— Sim, ainda há, para mim, uma felicidade: fazer a dos que me amam assim.

CAPÍTULO XXIX

Ainda há, para mim, uma felicidade, disse o príncipe: fazer a dos que tanto me amam.

— Olha — falou Bartolomeu —, olha para aquela cena que, mais do que todas as apreciadas por ti neste estudo, revela o grande progresso daquele Espírito. É o sacrifício do sentimento egoístico, que só medra nas almas tacanhas, em favor do altruísmo, que vivifica a alma como a música dos pássaros dá vida às florestas. Aquele moço, envelhecido pelas dores do coração, punha toda a sua felicidade no isolamento, que lhe ofereceria todos os minutos da existência, para o embevecimento de suas alegrias perdidas. É mesmo assim: ao que sucumbe à dor nada tão grato como embeber-se dessa dor.

Ainda comentando sobre a atitude do príncipe, o Guia acrescentou:

— Parece que o espírito humano sente inefáveis alegrias em revolver o ferro na ferida. E a razão disso está no fato de o desgraçado que perdeu a esperança de melhores dias procurar, na recordação daqueles já vividos, farta compensação a seu desespero. Vês como os velhos, morta toda a aspiração, recolhem-se a contemplar as cenas de sua infância, em que bebem, com íntimo prazer, alegrias que desprezaram na juventude? Dizes que os velhos vivem de recordações e dizes bem, porque, quando começam as sombras da noite, é que mais nos passam pela mente as belezas do bruxulear da aurora. Pois bem: aquele anelo de isolamento, que lhe parecia, ao príncipe, a única felicidade a que poderia ainda aspirar na vida, ele o sacrificou, lá no fundo, ao dever de fazer a felicidade dos outros. Nobre, grandioso, divino!

Voltando ao palácio de seus maiores, o moço envelhecido rompeu com todas as práticas do ferrenho despotismo, que fora a norma de todos. Do passado, guardou o poder absoluto, pois seu povo não podia ainda tolerar outro mais livre, e não pode haver maior mal do que dar a um povo governo mais adiantado do que permitem suas condições. É um desequilíbrio social, tão funesto como dar-se um governo de força a um povo já capaz de gozar a liberdade. Desequilíbrio por desequilíbrio, as consequências de um e de outro são a desordem e a anarquia, ou venham de baixo ou venham do alto.

Pensando assim, e muito sensatamente, o príncipe, que não tinha ambição de mando, mas conhecia o atraso social de seu povo e tudo faria para vê-lo feliz, guardou o poder absoluto, enquanto não conseguisse habilitar sua gente a mais suave governação, no que empenhou todas as suas energias. Deu ao povo o encargo de sua administração local por eleitos anuais em assembleia geral ou popular, a fim de que fossem todos habituando-se e preparando-se para resolver as questões de interesse público.

A princípio, a comissão dos mandatários do povo submetia todas as resoluções à aprovação do príncipe. À medida, porém, que a prática foi produzindo homens habilitados, desligou-se da superintendência e deixou inteiramente a cargo dos cidadãos o governo local. Toda a gente, que nunca sonhara com tais franquezas, foi-se nobilitando com elas e, em pouco, os servos do grão senhor já eram senhores de

Capítulo XXIX

si mesmos. Todos reconheciam que, não a si, ao príncipe deviam aquela posição que os engrandecia a seus próprios olhos, e nenhum filho pode dedicar mais amor a seu pai do que eles o dedicavam a seu chefe. Este, conhecendo-se envolto pelo amor e pelo reconhecimento universal, sentia-se reviver, como se filtros ou fluidos suavíssimos lhe enchessem o coração.

Aquele negrume, que lhe era a atmosfera constante, dissipava-se, lenta e progressivamente, como se desfazem, ao sopro de brando aquilão, nuvens de vapores condensados, que encobrem as irradiações do astro do dia. Já encontrava, nas festas populares, sainete que o atraía e, às vezes, o encantava. Não era mais o doente, o neurastênico, como qualificam os sábios hodiernos um mal corpóreo, quando não sabem o que é. Uma palavra retumbante usada para encobrir a ignorância. Poder-se-ia qualificá-lo de convalescente, em vésperas de cura. No seu íntimo, dois cofres, ou antes, dois escrínios: um guardava as dores, as tristezas, as saudades, que quase o consumiram; o outro, pequeninas flores, ainda botões, símbolos de santas alegrias, colhidas no terreno que ardentemente cultivava, o do bem do seu povo amado. Amor enchia um, amor enchia o outro; e ele vivia de amor, que eram saudades e esperanças.

— Como cresce aquela árvore, meu filho! Como estende os galhos a darem sombra a um povo inteiro! — exclamou meu Guia. — Entre todas as virtudes, a que mais aproxima o homem de Deus, a criatura de seu Criador é a caridade, filha do amor, laço místico que une, em sacrossanto amplexo, o homem, a natureza e Deus. Ama, ama muito, ama quanto é dado à natureza humana amar e terás asas para subir a mundos gloriosos, onde imperam, em doce consórcio, o amor e a justiça. Aquele espírito, abrindo os seios ao amor pelo próximo, base fundamental do amor a Deus, escolheu o melhor quinhão. Digo-te, filho meu, que, por aquele caminho, ele será elevado do planeta em que tem rolado, por tantos séculos, a um mundo mais graduado, na hierarquia da casa do Pai.

Reina a alegria no povo venusino. Dia por dia, rompe, de seu seio, o civismo, o preparo para o *self-government*.[16] Dia por dia, o príncipe vai, alegremente, abrindo mão de uma parte da sua autoridade discricionária e a que ainda guarda, ele a exerce com a brandura de um pai de família. Sem uma querela, sem uma contenda, todos seguem o exemplo da mansidão do chefe, e nenhum quer desmerecer sua estima.

— É assim, meu filho, do governador dos povos depende, quase absolutamente, seu progresso e a boa resolução em todas as relações sociais. Quando o chefe se faz amado, por suas qualidades pessoais e governativas, principalmente pela fiel execução das leis e pela prática rigorosa da justiça, sem preferências nem exclusões, distinguindo todo o que tem real merecimento e afastando de si o que mal procede, o povo afeiçoa-se ao dever e ao bem, e nele florescem a paz, a harmonia, a felicidade.

---

[16] Autogestão.

CAPÍTULO

XXX

A morte é para o homem mundano, ignorante ou sábio, um mistério pavoroso; é para o espírita uma suavíssima prova do amor e da Justiça de Deus. É o fecho do edifício da vida corporal: *talis vita, finis ita*.[17] Se o edifício for de construção majestosa, o fecho só poderá ser de grandeza monumental. Se for da mais reles construção, insignificante e de mínimo valor será o fecho. Aplicando ao moral o que aí se refere ao material, teremos que uma boa vida, rica de boas obras, terminará por uma morte tranquila e serena como o brando ruído da viração, passando pelas folhas do laranjal da minha casinha branca.

O príncipe, agora chefe amado do povo venusino, não foi um sábio nem um santo, pois para tal não dava o meio em que vivia; mas desempenhou, naquele meio grosseiro e atrasado, distinto papel, já procurando elevar-se pelo lado intelectual e dedicando todas as suas energias ao bem de seu amado povo. Não procurou fazê-lo grande pelas armas, mesmo porque tinha horror ao sangue. Seu empenho foi modificar-lhe os instintos ferozes, torná-lo capaz de dirigir-se pela administração dos negócios públicos, afeiçoá-lo ao trabalho que moraliza, encaminhando--o às indústrias ao alcance de sua acanhada inteligência,

---

[17] Para tal vida, tal fim.

que muito se esforçou para desenvolver. O povo adorava-o e, quando lhe vinha à mente o pensamento de que era ele mortal, enlutava-se-lhe o coração e enchia-se de desespero. Entretanto, era o mais certo que podiam ter.

Por que o homem, sabendo a morte como desfecho fatal para todos, estranha que lhe chegue o dia ao ente querido? É porque a considera um mal, e só aceitamos o mal, quando não nos é possível, de todo, evitá-lo. Se o homem compreendesse o que é a morte, simples separação do corpo, mandado de soltura do pobre encarcerado, porta aberta à liberdade que é a vida, à vida que é o progresso para a verdadeira felicidade, crisálida que se abre a dar saída à borboleta de asas iriadas; se todos assim entendessem, ninguém recuaria ao simples pensamento de morrer.

Embora não possuísse tão nítida compreensão, o príncipe já nutria a ideia de que a essência humana não acaba com a morte e, por isso, não a receava, em alguns momentos, sentia, até mesmo, vagos desejos de penetrar-lhe o mistério, atirando-se-lhe como Empédocles atirou-se ao Etna, para ver se compreendia o mistério do vulcão.

Deus tinha olhos amorosos sobre ele e via, com satisfação, aquele filho caminhando, a passo acelerado, para o cumprimento da lei da vida, cuja duração, a não se intervir na Lei Natural, que corte, antes do tempo, o fio da existência, depende da rapidez ou lentidão com que o espírito desempenhe sua tarefa. Ele ia de carreira no desempenho da sua missão e, pois, não estaria longe o tempo de libertar-se.

Soou, no relógio da eternidade, o tímpano inexorável, que marca o momento de cada criatura humana. O príncipe sentiu os primeiros sintomas de um mal terrível, julgado incurável, mas não se abalou. Sua consciência estava tranquila e sentia desejos de banhar-se nas águas límpidas do Jordão da purificação.

Capítulo XXX

O pranto e o terror espalharam-se por todo o povo. Foi um tumulto, como se o ameaçasse um cataclismo. Junto ao leito, pode-se dizer que estava todo o povo, como filhos que vinham receber o último adeus do adorado pai.

— Segui o caminho que vos ensinei e não me choreis, que eu acabo contente, não sei por quê. Foram suas últimas palavras.

Quem tivesse o dom de ver, e eu vi, presenciaria um curioso espetáculo. Uma espécie de fumaça, clara feito a neve, começou a levantar-se de todos os pontos do corpo, a partir dos pés, e dirigiu-se à cabeça, na qual conglobou-se e, lentamente, foi tomando a forma do príncipe, vaporosa e não mais corpórea. Nessas condições, eram ali, em face um do outro, dois corpos da mesma forma: um material, exangue, sem movimento, sem vida; outro fluídico, animado, de movimento, com vida.

O homem príncipe morrera, mas o espírito, envolto pela fumaça que se desprendera do corpo, ali estava, vivo e consciente. Eis o que é a morte, em sua real compreensão: o espírito deixa o corpo material e veste o corpo fluídico ou perispiritual. Se, em torno do corpo inerte, havia uma multidão a prantear, em torno do corpo vivo, não menor era a que o felicitava. Os homens choram a morte, os Espíritos festejam-na, porque, se para os primeiros ela é o fim, para os segundos, é o recomeçar de uma nova vida.

Naquele ponto que me absorvia toda a atenção, meu Guia distraiu-me, dizendo:

— Olha e guarda a grandeza do que vais ver.

Imediatamente, agitou-se o éter e uma luz, mais intensa que a da aurora boreal, desceu pausadamente da abóbada infinita e, como uma estrela cadente, veio pousar no meio da multidão de Espíritos que cercavam o recém desencarnado. Súbito, a luz tomou a forma de um anjo, que, dirigindo-se ao príncipe, disse:

— Na balança da indefectível justiça, foram pesadas tuas faltas e tuas boas obras, e a concha a que foram estas recolhidas desceu consideravelmente. De conformidade, pois, com a lei eterna, foi-te atribuído merecimento, que reclama seu galardão. Sempre de acordo com a lei que exprime a vontade do Criador de todos os seres, teu galardão é deixares este mundo, de que soubeste colher as mais belas flores, e subires ao mundo superior, à Terra, onde, em tempo próprio, irás encarnar. Sim, Espírito feliz, marcha, sempre, com passo firme, como fizeste nesta tua última existência corporal e, em curto prazo, galgarás a ordem dos mundos de gozo e de bem-aventurança. Em nome do Pai de amor e de justiça, eu te abençoo.

Qual uma faísca elétrica, subiu até desaparecer na imensidade do espaço o divino mensageiro.

— E ele — perguntei a meu Guia —, como poderá subir à Terra que não conhece?

— Tudo está regulado pela Sabedoria Infinita. Quando for o tempo, e não tardará, terá um guia que o levará a seu destino.

Beijei a mão do meu querido Guia, recolhi-me ao corpo e não sonhei mais.

FIM

APONTAMENTOS BIOBIBLIOGRÁFICOS

Adolfo Bezerra de Menezes

A Federação Espírita Brasileira entrega ao público novas edições dos romances — antes publicados em folhetins no *Reformador* — e dos estudos religiosos, científicos e filosóficos da autoria de Adolfo Bezerra de Menezes, quando ainda encarnado.

A *Coleção Bezerra de Menezes* prestará homenagem a esse importante vulto do Espiritismo brasileiro, que representou para os espíritas o verdadeiro paradigma de trabalho, caridade e tolerância.

A seguir alguns dados biobibliográficos daquele que, pela projeção do seu trabalho, foi cognominado *o Kardec brasileiro, o médico dos pobres*, dentre outros.

Adolfo Bezerra de Menezes Cavalcanti nasceu em 29 de agosto de 1831 na fazenda Santa Bárbara, no lugar chamado Riacho das Pedras, município cearense de Riacho do Sangue, hoje Jaguaretama, estado do Ceará.

Descendia Bezerra de Menezes de antiga família, das primeiras que vieram ao território cearense. Seu avô paterno, o coronel Antônio Bezerra de Souza e Menezes, tomou parte da Confederação do Equador, e foi condenado à morte, pena comutada em degredo perpétuo para o interior do Maranhão, e que não foi cumprida porque o coronel faleceu a caminho do desterro, sendo seu corpo sepultado em Riacho do Sangue. Seus pais, Antônio Bezerra de Menezes, capitão das antigas milícias e tenente-coronel da Guarda Nacional, desencarnou em Maranguape, no dia 29 de setembro de 1851, de febre amarela; a mãe, Fabiana Cavalcanti de Alburquerque, nascida em 29 de setembro de 1791, desencarnou em Fortaleza, aos 90 anos, perfeitamente lúcida, em 5 de agosto de 1882.

Desde estudante, o itinerário de Bezerra de Menezes foi muito significativo. Em 1838, no interior do Ceará, conheceu as primeiras letras, em escola da Vila do Frade, estando à altura do saber de seu mestre em 10 meses.

Já na Serra dos Martins, no Rio Grande do Norte, para onde se transferiu em 1842 com a família, por motivo de perseguições políticas, aprendeu latim em dois anos, a ponto de substituir o professor.

Em 1846, já em Fortaleza (CE), sob as vistas do irmão mais velho, Manoel Soares da Silva Bezerra, conceituado intelectual e líder católico, efetuou os estudos preparatórios, destacando-se entre os primeiros alunos do tradicional Liceu do Ceará.

Bezerra queria tornar-se médico, mas o pai, que enfrentava dificuldades financeiras, não podia custear-lhe os estudos. Em 1851, aos 19 anos, tomou ele a iniciativa de ir para o Rio de Janeiro, a então capital do Império, a fim de cursar Medicina, levando consigo a importância de 400 mil-réis, que os parentes lhe deram para ajudar na viagem.

No Rio de Janeiro, ingressou, em 1852, como praticante interno no Hospital da Santa Casa de Misericórdia.

Para poder estudar, dava aula de Filosofia e Matemática. Doutorou-se em 1856 pela Faculdade de Medicina do Rio de Janeiro.

Em março de 1857, solicitou sua admissão no Corpo de Saúde do Exército, sentando praça em 20 de fevereiro de 1858, como cirurgião-tenente.

Ainda em 1857, candidatou-se ao quadro dos membros titulares da Academia Imperial de Medicina com a memória "Algumas considerações sobre o cancro, encarado pelo lado do seu tratamento", sendo empossado em sessão de 1º de junho. Nesse mesmo ano, passou a colaborar na *Revista da Sociedade Físico-Química*.

Em 6 de novembro de 1858, casou-se com Maria Cândida de Lacerda, que desencarnou no início de 1863, deixando-lhe um casal de filhos.

Em 1859, passou a atuar como redator dos *Anais Brasilienses de Medicina*, da Academia Imperial de Medicina, atividade que exerceu até 1861.

Em 21 de janeiro de 1865, casou-se, em segundas núpcias, com Cândida Augusta de Lacerda Machado, irmã materna de sua primeira esposa, com quem teve sete filhos.

Já em franca atividade médica, Bezerra de Menezes demonstrava o grande coração que iria semear — até o fim do século, sobretudo entre os menos favorecidos da fortuna — o carinho, a dedicação e o alto valor profissional.

Foi justamente o respeito e o reconhecimento de numerosos amigos que o levaram à política, que ele, em mensagem ao deputado Freitas Nobre, seu conterrâneo e admirador, definiu como "a ciência de criar o bem de todos".

Elegeu-se vereador para Câmara Municipal do Rio de Janeiro em 1860, pelo Partido Liberal.

Quando tentaram impugnar sua candidatura, sob a alegação de ser médico militar, demitiu-se do Corpo de Saúde do Exército. Na Câmara Municipal, desenvolveu grande trabalho em favor do Município Neutro[18] e na defesa dos humildes e necessitados.

---

[18] Após a transferência da Corte portuguesa para a cidade do Rio de Janeiro, a autonomia político-administrativa que a província tanto reivindicava, conforme as demais, ficou prejudicada. No entanto, em 1834, a cidade seria transformada em Município Neutro, continuando como capital do Império, enquanto a província ganhava a requerida autonomia e passava a ter como capital a Vila Real da Praia Grande, que no ano seguinte viria a se chamar Niterói.

Foi reeleito com simpatia geral para o período de 1864--1868. Não se candidatou ao exercício de 1869 a 1872.

Em 1867, foi eleito deputado geral (correspondente hoje a deputado federal) pelo Rio de Janeiro. Dissolvida a Câmara dos Deputados em 1868, com a subida dos conservadores ao poder, Bezerra dirigiu suas atividades para outras realizações que beneficiassem a cidade.

Em 1873, após quatro anos afastados da política, retomou suas atividades, novamente como vereador.

Em 1878, com a volta dos liberais ao poder, foi novamente eleito à Câmara dos Deputados, representando o Rio de Janeiro, cargo que exerceu até 1885.

Neste período, criou a Companhia de Estrada de Ferro Macaé a Campos, que veio proporcionar-lhe pequena fortuna, mas que, por sua vez, foi também o sorvedouro dos seus bens, deixando-o completamente arruinado.

Em 1885, atingiu o fim de suas atividades políticas. Bezerra de Menezes atuou 30 anos na vida parlamentar. Outra missão o aguardava, mais nobre ainda, aquela da qual o incumbira Ismael, não para coroá-lo de glórias, que perecem, mas para trazer sua mensagem à imortalidade.

O Espiritismo, qual novo maná celeste, já vinha atraindo multidões de crentes, a todos saciando na sua missão de consolador. Logo que apareceu a primeira tradução brasileira de *O Livro dos Espíritos*, em 1875, foi oferecido a Bezerra de Menezes um exemplar da obra pelo tradutor, Joaquim Carlos Travassos, que se ocultou sob o pseudônimo de Fortúnio.

Foram palavras do próprio Bezerra de Menezes, ao proceder à leitura de monumental obra: "Lia, mas não encontrava nada que fosse novo para meu espírito, entretanto tudo aquilo era novo para mim [...]. Eu já tinha lido ou ouvido tudo o que se achava em *O Livro dos Espíritos* [...]. Preocupei-me seriamente com este fato maravilhoso e a mim mesmo dizia: parece que eu era espírita inconsciente, ou mesmo, como se diz vulgarmente, de nascença".

Contribuíram também, para torná-lo um adepto consciente, as extraordinárias curas que ele conseguiu, em 1882, do famoso médium receitista João Gonçalves do Nascimento.

Mais que um adepto, Bezerra de Menezes foi um defensor e um divulgador da Doutrina Espírita. Em 1883, recrudescia, de súbito, um movimento contrário ao Espiritismo, no mesmo ano em que Augusto Elias da Silva lançava o *Reformador* — periódico mais antigo do Brasil em circulação e órgão oficial da Federação Espírita Brasileira. Elias, não raro, consultava Bezerra de Menezes sobre as melhores diretrizes a serem seguidas em defesa dos ideais espíritas. O venerável médico aconselhava-o, então, a contrapor ao ódio o amor e a agir com discrição, paciência e harmonia.

Bezerra não ficou, porém, no conselho teórico. Com as iniciais A. M., principiou a colaborar com o *Reformador*, emitindo comentários judiciosos sobre o Catolicismo.

Fundada a Federação Espírita Brasileira em 1884, Bezerra de Menezes não quis inscrever-se entre os fundadores, embora fosse amigo de todos os diretores e, sobremaneira, admirado por eles.

Embora sua participação tivesse sido marcante até então, somente em 16 de agosto de 1886, aos 55 anos, Bezerra de Menezes — perante grande público, cerca de duas mil pessoas, no salão de Conferência da Guarda Velha — justificou em longa alocução a sua opção definitiva de abraçar os princípios da consoladora Doutrina.

Daí por diante, Bezerra de Menezes foi o catalisador de todo o movimento espírita na Pátria do Cruzeiro, exatamente como preconizara Ismael. Com sua cultura privilegiada, aliada ao descortino de homem público e ao inexcedível amor ao próximo, conduziu o barco de nossa Doutrina por sobre as águas atribuladas pelo iluminismo fátuo, pelo cientificismo presunçoso, que pretendia deslustrar o grande significado da Codificação Kardequiana.

Presidente da FEB em 1889, foi reconduzido ao espinhoso cargo em 1895, quando mais se agigantava a maré da discórdia e das radicalizações no meio espírita, e nele permaneceu até 1900, quando desencarnou.

O Dr. Bezerra de Menezes foi membro da Sociedade de Geografia de Lisboa, da Sociedade Auxiliadora da Indústria Nacional, da Sociedade Físico-Química, do Conselho do Liceu de Artes, sócio e benfeitor da Sociedade Propagadora das Belas-Artes e presidente da Sociedade Beneficente Cearense.

Escreveu em jornais como *O Paiz* e *Sentinela da Liberdade*, e para os *Anais Brasilienses de Medicina*, além de colaborar na *Reforma*, na *Revista da Sociedade Físico-Química* e, sobretudo, no *Reformador*, valendo-se algumas vezes dos pseudônimos de Max e Frei Gil.

O dicionarista J. F. Velho Sobrinho alinha extensa bibliografia de Bezerra de Menezes, relacionando para mais de quarenta obras escritas e publicadas. São teses, romances, biografias, artigos, estudos, relatórios etc.

Bezerra de Menezes desencarnou em 11 de abril de 1900, às 11h30, tendo ao lado a dedicada companheira de tantos anos, Cândida Augusta.

Morreu pobre, embora seu consultório estivesse cheio de uma clientela que nenhum médico queria; eram pessoas pobres, sem dinheiro para pagar consultas. Foi preciso constituir-se uma comissão para angariar donativos visando à manutenção da família; comissão essa presidida por Quintino Bocaiúva.

Por ocasião de sua morte, assim se pronunciou Léon Denis, um dos maiores discípulos de Kardec: "Quando tais homens deixam de existir, enluta-se não somente o Brasil, mas os espíritas de todo o mundo".

REFERÊNCIAS

Ordem cronológica crescente

OBRAS MÉDICAS[19]

MENEZES, Bezerra de. *Diagnóstico do cancro*: tese inaugural. Rio de Janeiro: Typ. de M. Barreto, 1856.

_____. Tratamento do cancro. *Annaes Brasilienses de Medicina*: Jornal da Academia Imperial de Medicina do Rio de Janeiro, p. 181 e 198 [entre 1857 e 1858].

_____. *Das operações reclamadas pelo estreitamento da uretra*: tese para o concurso a uma cadeira de oppositor da Secção Cirurgica da Faculdade de Medicina. Rio de Janeiro: Typ. Nacional, 1858. 63 p.

_____. Curare. *Annaes Brasilienses de Medicina*: Jornal da Academia Imperial de Medicina do Rio de Janeiro, p. 182 [entre 1859 e 1860].

_____. Parecer sobre a memória do Dr. Portela relativamente a contato e infecção. *Annaes Brasilienses de Medicina*: Jornal da Academia Imperial de Medicina do Rio de Janeiro, p. 238 [entre 1859 e 1860].

_____. Tétano. *Annaes Brasilienses de Medicina*: Jornal da Academia Imperial de Medicina do Rio de Janeiro, p. 121 e 139 [entre 1859 e 1860].

_____. Accessos de hysteria dependendo d'um estado gastrico. *Annaes Brasilienses de Medicina*: Jornal da Academia Imperial de Medicina do Rio de Janeiro, p. 75 [entre 1860 e 1861].

---

[19] Em 1857 passou a colaborar na *Revista da Sociedade Físico-Química*. E, de 1859 até meados de 1861, foi o redator do periódico: *Annaes Brasilienses de Medicina*: Jornal da Academia Imperial de Medicina do Rio de Janeiro.

_____. Erysipelas periodicas. *Annaes Brasilienses de Medicina*: Jornal da Academia Imperial de Medicina do Rio de Janeiro, p. 136 e 218 [entre 1860 e 1861].

_____. Grippe. *Annaes Brasilienses de Medicina*: Jornal da Academia Imperial de Medicina do Rio de Janeiro, p. 621 [entre 1860 e 1861].

_____. Lactucario e thridaceo. *Annaes Brasilienses de Medicina*: Jornal da Academia Imperial de Medicina do Rio de Janeiro, p. 34 [entre 1860 e 1861].

_____. Puncção da bexiga. *Annaes Brasilienses de Medicina*: Jornal da Academia Imperial de Medicina do Rio de Janeiro, p. 14 [entre 1860 e 1861].

OBRAS POLÍTICAS[20]

BEZERRA, Menezes de. *Camara Municipal*: parecer que em sessão de 11 de março, leu o vereador Dr. Bezerra em resposta à portaria do Ministério do Império de 26 de fevereiro último. Rio de Janeiro: Typ. do Correio Mercantil [1863?], 222 p.

_____. *A escravidão no Brasil e as medidas que convem tomar para extinguil-a sem damno para a Nação*. Rio de Janeiro: Typ. Progresso, 1869. 80 p.

_____. *Relatorio apresentado a Illma. Camara Municipal da Côrte*. Rio de Janeiro: Typ. Progresso, 1869.

_____. *Breves considerações sobre as sêccas do Norte*. Rio de Janeiro: Typ. Guimarães & Irmãos, 1877. 44 p.[21]

---

[20] O volume 33 da série "Perfis Parlamentares", publicada pela Câmara dos Deputados em 1986, apresenta a vida e a obra do parlamentar Bezerra de Menezes: MENEZES, Bezerra de. *Discursos parlamentares*. Seleção e introdução do Deputado Freitas Nobre. Brasília: Câmara dos Deputados, Coordenação de Publicações, 1986. 414 p. ("Perfis parlamentares", v. 33.) Entre 1869 e 1870, sob o pseudônimo de Frei Gil, publicou artigos nos periódicos: *Sentinela da Liberdade* e *Reforma*, defendendo ideais liberais.

[21] Outra edição: MENEZES, Bezerra. *Breves considerações sobre as secas do Norte*. 2. ed. Natal: Fundação Guimarães Duque, 1986. p. 127--149. (Coleção "Mossoroense", v. 242.)

REFERÊNCIAS

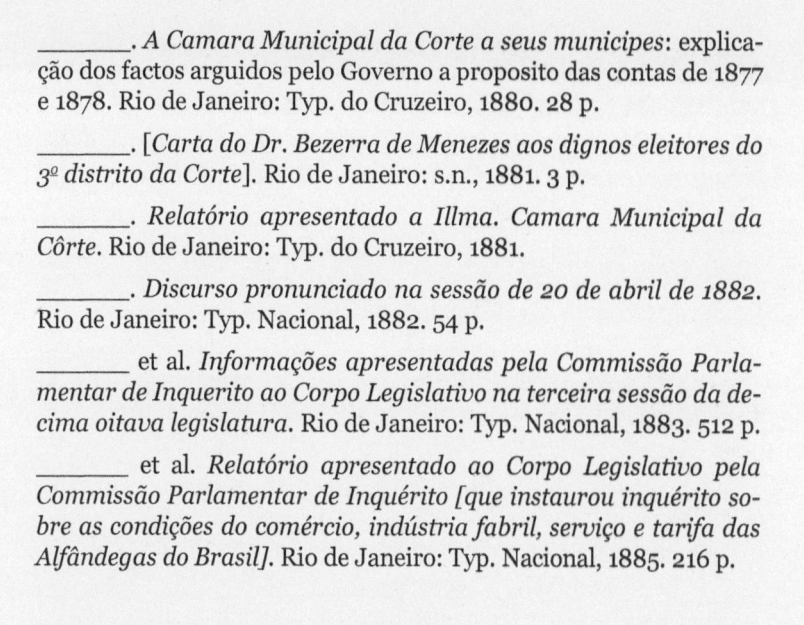

_____. *A Camara Municipal da Corte a seus municipes*: explicação dos factos arguidos pelo Governo a proposito das contas de 1877 e 1878. Rio de Janeiro: Typ. do Cruzeiro, 1880. 28 p.

_____. [*Carta do Dr. Bezerra de Menezes aos dignos eleitores do 3º distrito da Corte*]. Rio de Janeiro: s.n., 1881. 3 p.

_____. *Relatório apresentado a Illma. Camara Municipal da Côrte*. Rio de Janeiro: Typ. do Cruzeiro, 1881.

_____. *Discurso pronunciado na sessão de 20 de abril de 1882*. Rio de Janeiro: Typ. Nacional, 1882. 54 p.

_____ et al. *Informações apresentadas pela Commissão Parlamentar de Inquerito ao Corpo Legislativo na terceira sessão da decima oitava legislatura*. Rio de Janeiro: Typ. Nacional, 1883. 512 p.

_____ et al. *Relatório apresentado ao Corpo Legislativo pela Commissão Parlamentar de Inquérito [que instaurou inquérito sobre as condições do comércio, indústria fabril, serviço e tarifa das Alfândegas do Brasil]*. Rio de Janeiro: Typ. Nacional, 1885. 216 p.

OBRAS ASSUNTOS DIVERSOS

MENEZES, Bezerra de. *O Marquêz de Valença*: esboço biográfico. Rio de Janeiro: Typ. e Const. de J. Villeneuve & Comp., 1856. 46 p.[22]

_____. Bernardo de Souza Franco. In: SISSON, Sebastião Augusto. *Galeria dos Brazileiros Illustres* (Os Contenporaneos). Rio de Janeiro: Typ. Imp. e Const. de J. Villeneuve e Comp., 1859. v. 1, p. 13.[23]

_____. Cândido Batista de Oliveira. In: SISSON, Sebastião Augusto. *Galeria dos Brazileiros Illustres* (Os Contenporaneos). Rio de Janeiro: Typ. Imp. e Const. de J. Villeneuve e Comp., 1859. v. 1, p. 14.

---

[22] Outra edição: MENEZES, Bezerra de. Marquez de Valença. In: SISSON, Sebastião Augusto. *Galeria dos Brazileiros Illustres* (Os Contenporaneos). Rio de Janeiro: Typ. Imp. e Const. de J. Villeneuve e Comp., 1859. v. 1, p. 15.

[23] Outras edições: SISSON, Sebastião Augusto. *Galeria dos Brasileiros Ilustres*: os contemporâneos. São Paulo: Martins, 1948. 2 v. SISSON, Sebastião Augusto. *Galeria dos Brasileiros Ilustres*. Brasília: Senado Federal, 1999. 2 v. (Coleção "Brasil 500 anos".)

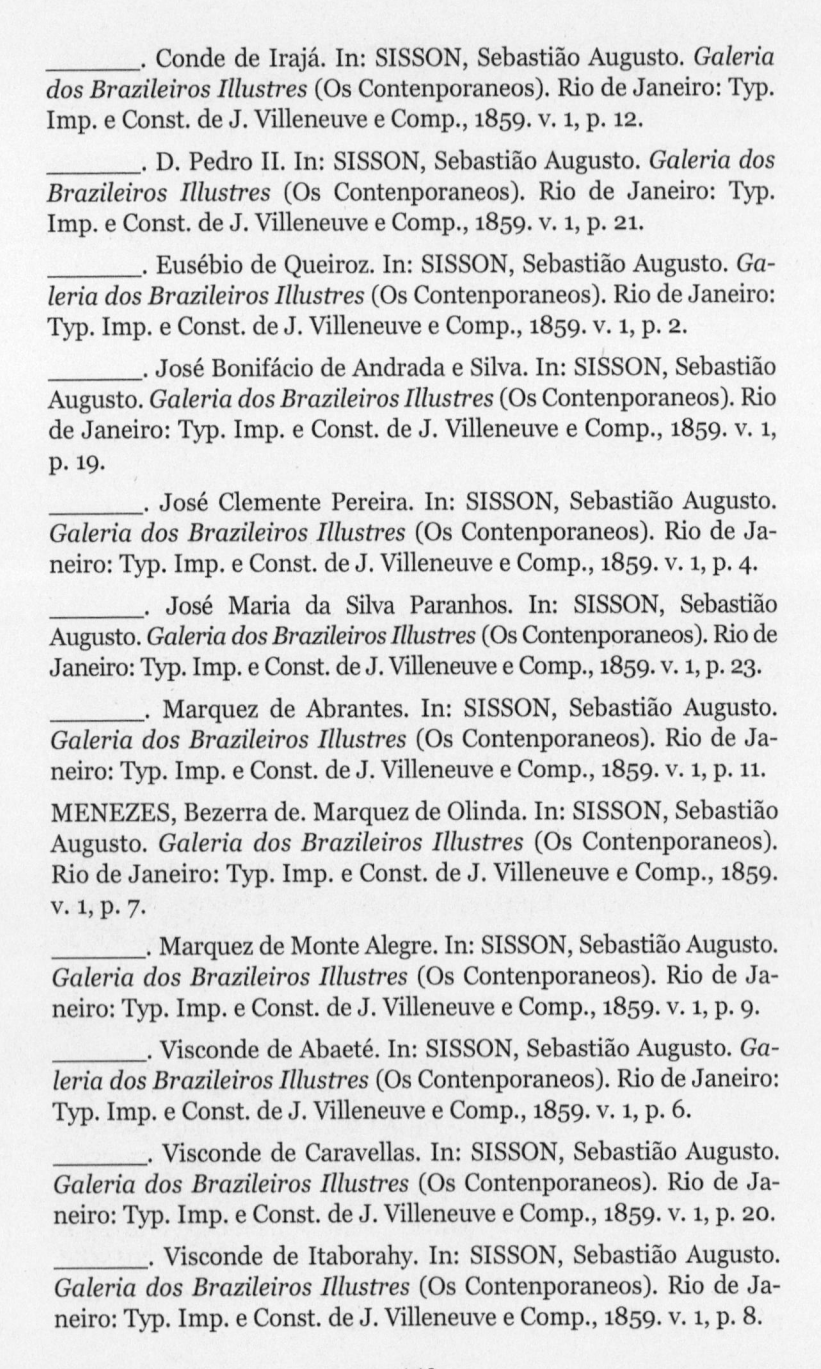

_____. Conde de Irajá. In: SISSON, Sebastião Augusto. *Galeria dos Brazileiros Illustres* (Os Contenporaneos). Rio de Janeiro: Typ. Imp. e Const. de J. Villeneuve e Comp., 1859. v. 1, p. 12.

_____. D. Pedro II. In: SISSON, Sebastião Augusto. *Galeria dos Brazileiros Illustres* (Os Contenporaneos). Rio de Janeiro: Typ. Imp. e Const. de J. Villeneuve e Comp., 1859. v. 1, p. 21.

_____. Eusébio de Queiroz. In: SISSON, Sebastião Augusto. *Galeria dos Brazileiros Illustres* (Os Contenporaneos). Rio de Janeiro: Typ. Imp. e Const. de J. Villeneuve e Comp., 1859. v. 1, p. 2.

_____. José Bonifácio de Andrada e Silva. In: SISSON, Sebastião Augusto. *Galeria dos Brazileiros Illustres* (Os Contenporaneos). Rio de Janeiro: Typ. Imp. e Const. de J. Villeneuve e Comp., 1859. v. 1, p. 19.

_____. José Clemente Pereira. In: SISSON, Sebastião Augusto. *Galeria dos Brazileiros Illustres* (Os Contenporaneos). Rio de Janeiro: Typ. Imp. e Const. de J. Villeneuve e Comp., 1859. v. 1, p. 4.

_____. José Maria da Silva Paranhos. In: SISSON, Sebastião Augusto. *Galeria dos Brazileiros Illustres* (Os Contenporaneos). Rio de Janeiro: Typ. Imp. e Const. de J. Villeneuve e Comp., 1859. v. 1, p. 23.

_____. Marquez de Abrantes. In: SISSON, Sebastião Augusto. *Galeria dos Brazileiros Illustres* (Os Contenporaneos). Rio de Janeiro: Typ. Imp. e Const. de J. Villeneuve e Comp., 1859. v. 1, p. 11.

MENEZES, Bezerra de. Marquez de Olinda. In: SISSON, Sebastião Augusto. *Galeria dos Brazileiros Illustres* (Os Contenporaneos). Rio de Janeiro: Typ. Imp. e Const. de J. Villeneuve e Comp., 1859. v. 1, p. 7.

_____. Marquez de Monte Alegre. In: SISSON, Sebastião Augusto. *Galeria dos Brazileiros Illustres* (Os Contenporaneos). Rio de Janeiro: Typ. Imp. e Const. de J. Villeneuve e Comp., 1859. v. 1, p. 9.

_____. Visconde de Abaeté. In: SISSON, Sebastião Augusto. *Galeria dos Brazileiros Illustres* (Os Contenporaneos). Rio de Janeiro: Typ. Imp. e Const. de J. Villeneuve e Comp., 1859. v. 1, p. 6.

_____. Visconde de Caravellas. In: SISSON, Sebastião Augusto. *Galeria dos Brazileiros Illustres* (Os Contenporaneos). Rio de Janeiro: Typ. Imp. e Const. de J. Villeneuve e Comp., 1859. v. 1, p. 20.

_____. Visconde de Itaborahy. In: SISSON, Sebastião Augusto. *Galeria dos Brazileiros Illustres* (Os Contenporaneos). Rio de Janeiro: Typ. Imp. e Const. de J. Villeneuve e Comp., 1859. v. 1, p. 8.

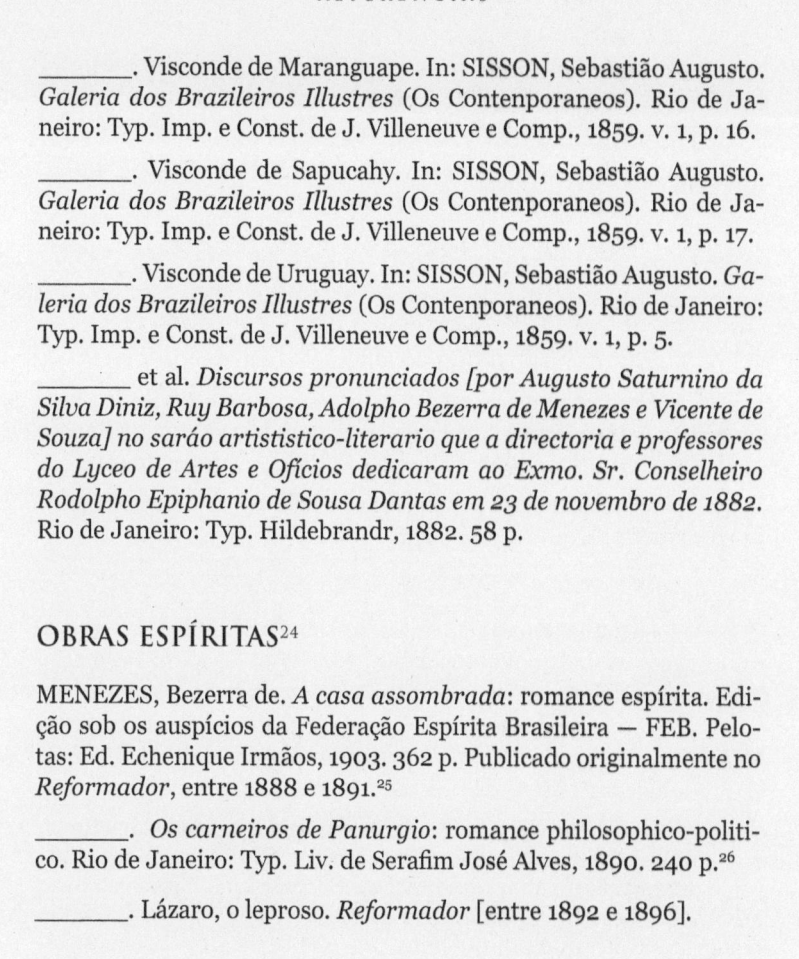

REFERÊNCIAS

_____. Visconde de Maranguape. In: SISSON, Sebastião Augusto. *Galeria dos Brazileiros Illustres* (Os Contenporaneos). Rio de Janeiro: Typ. Imp. e Const. de J. Villeneuve e Comp., 1859. v. 1, p. 16.

_____. Visconde de Sapucahy. In: SISSON, Sebastião Augusto. *Galeria dos Brazileiros Illustres* (Os Contenporaneos). Rio de Janeiro: Typ. Imp. e Const. de J. Villeneuve e Comp., 1859. v. 1, p. 17.

_____. Visconde de Uruguay. In: SISSON, Sebastião Augusto. *Galeria dos Brazileiros Illustres* (Os Contenporaneos). Rio de Janeiro: Typ. Imp. e Const. de J. Villeneuve e Comp., 1859. v. 1, p. 5.

_____ et al. *Discursos pronunciados [por Augusto Saturnino da Silva Diniz, Ruy Barbosa, Adolpho Bezerra de Menezes e Vicente de Souza] no saráo artististico-literario que a directoria e professores do Lyceo de Artes e Ofícios dedicaram ao Exmo. Sr. Conselheiro Rodolpho Epiphanio de Sousa Dantas em 23 de novembro de 1882.* Rio de Janeiro: Typ. Hildebrandr, 1882. 58 p.

OBRAS ESPÍRITAS[24]

MENEZES, Bezerra de. *A casa assombrada*: romance espírita. Edição sob os auspícios da Federação Espírita Brasileira — FEB. Pelotas: Ed. Echenique Irmãos, 1903. 362 p. Publicado originalmente no *Reformador*, entre 1888 e 1891.[25]

_____. *Os carneiros de Panurgio*: romance philosophico-politico. Rio de Janeiro: Typ. Liv. de Serafim José Alves, 1890. 240 p.[26]

_____. Lázaro, o leproso. *Reformador* [entre 1892 e 1896].

---

[24] A partir de 1887, usando o pseudônimo de Max, Bezerra de Menezes passou a publicar artigos divulgando a Doutrina Espírita nos periódicos: *O Paiz* (entre 1887 a 1894), *Jornal do Brasil* (em 1895), *Gazeta de Notícias* (entre 1895 a 1897) e o *Reformador*, órgão da Federação Espírita Brasileira.

[25] Outras edições: MENEZES, Bezerra de. *A casa assombrada*: romance espírita. 2. ed. Rio de Janeiro: Federação Espírita Brasileira — FEB, 1948. 334 p. MENEZES, Bezerra de. *A casa assombrada*: romance espírita. 2. ed. São Paulo: Ed. Camille Flammarion, 2001. 247 p.

[26] Outra edição: MENEZES, Bezerra. *Os carneiros de Panúrgio*: romance filosófico-político. 2. ed. São Paulo: Federação Espírita do Estado de São Paulo, 1983. 184 p.

_____. *União Spirita do Brasil. Spiritismo. Estudos philosophicos*. Rio de Janeiro: Typ. Moreira, Maximiano, Chagas & Comp., 1894. 318 p. Coletânea de 69 artigos publicados n'*O Paiz*.[27]

_____. *A história de um sonho*. São Paulo: Madras, 2003. 168 p. Publicado originalmente no *Reformador*, entre 1896 e 1897.

_____. *Casamento e mortalha*. *Reformador* [entre 1898 e 1901]. Obra inacabada.

_____. *A pérola negra*. *Reformador* [entre 1901 e 1905].

_____. *Evangelho do futuro*. *Reformador* [entre 1905 e 1911].

_____. *Uma carta de Bezerra de Menezes*. 2. ed. Rio de Janeiro: Federação Espírita Brasileira, [1953?]. 97 p. Publicado originalmente no *Reformador*, entre 1920 e 1921 com o título: Valioso autógrafo.[28]

_____. *A loucura sob novo prisma*: estudo psychic physiologico. Rio de Janeiro: Typ. Bohemia, 1920. 170 p.[29]

---

[27] Outras edições, estas contendo 316 artigos: MENEZES, Bezerra de. *Espiritismo*: estudos philosophicos. 2. ed. Rio de Janeiro: Federação Espírita Brazeleira, 1907. 3 v. MENEZES, Bezerra de. *Espiritismo*: estudos filosóficos. 2. ed. São Paulo: Edicel, 1977. 2 v. Edição incompleta. MENEZES, Bezerra de. *Espiritismo*: estudos filosóficos. 4. ed. São Paulo: Fraternidade Assistencial Esperança — FAE, 2001. 3 v.

[28] Em 1921 foi publicada pela Federação Espírita Brasileira sob o título: A Doutrina Espírita como Filosofia Teogônica. Em 1977, foi publicada pela editora Edicel sob o título: A Doutrina Espírita. Outras edições: MENEZES, Bezerra de. *Uma carta de Bezerra de Menezes*. 3. ed. Rio de Janeiro: Federação Espírita Brasileira — FEB, 1963. 97 p. MENEZES, Bezerra de. *Uma carta de Bezerra de Menezes*. 4. ed. Rio de Janeiro: Federação Espírita Brasileira — FEB, 1984. 100 p. MENEZES, Bezerra de. *Uma carta de Bezerra de Menezes*. 7. ed. Rio de Janeiro: Federação Espírita Brasileira — FEB, 2006. 97 p.

[29] Outras edições: MENEZES, Bezerra de. *A loucura sob novo prisma*: estudo psíquico filosófico. 2. ed. Rio de Janeiro: Federação Espírita Brasileira — FEB, 1946. 186 p. MENEZES, Bezerra de. *A loucura sob novo prisma*: estudo psíquico filosófico. 2. ed. São Paulo: Federação Espírita do Estado de São Paulo, 1982. 165 p. MENEZES, Bezerra de. *A loucura sob novo prisma*: estudo psíquico filosófico. 3. ed. Rio de Janeiro: Federação Espírita Brasileira — FEB, 1963. 184 p. MENEZES, Bezerra de. *A loucura sob novo prisma*: estudo psíquico filosófico. 4. ed. Rio de Janeiro: Federação Espírita Brasileira — FEB, 1983. 184 p. MENEZES, Bezerra de. *A*

REFERÊNCIAS

TRADUÇÃO DE BEZERRA DE MENEZES

Amigó y Pellicer, José. *Roma e o Evangelho*: estudos filosóficos-religiosos e teórico práticos. Tradução de Bezerra de Menezes; capa de Cecconi. 7. ed. Rio de Janeiro: Federação Espírita Brasileira — FEB, 1982. 346 p. Estudos feitos pelo círculo Cristiano Espiritista de Cérida. Primeira edição de 1899.

KARDEC, Allan. *Obras póstumas*. Tradução da 1. ed. francesa de 1890 por Bezerra de Menezes. Rio de Janeiro: Typ. Moreira Maximiano & Comp., 1892. 338 p.[30]

ROMANCES ESPÍRITAS INÉDITOS E AINDA NÃO LOCALIZADOS

Os mortos que vivem

Segredos da natura

O banido

---

loucura sob novo prisma: estudo psíquico filosófico. 9. ed. Rio de Janeiro: Federação Espírita Brasileira — FEB, 1996. 184 p. MENEZES, Bezerra de. *A loucura sob novo prisma*: estudo psíquico filosófico. 12. ed. Rio de Janeiro: Federação Espírita Brasileira — FEB, 2005. 184 p.

[30] Esta obra foi publicada sob o pseudônimo de Max, quando Bezerra de Menezes era vice-presidente da Federação Espírita Brasileira. O primeiro fascículo foi publicado em janeiro de 1891, sob o patrocínio da União de Propaganda Espírita do Brasil. A primeira edição em livro é a de 1892. Outra edição: MENEZES, Bezerra de. *Obras póstumas*. Tradução de Bezerra de Menezes. 2. ed. em idioma português, revisada e em nova composição. Rio de Janeiro: Liv. Psychica, 1900. A Federação Espírita Brasileira — FEB publicou esta tradução até 1925, quando adotou a tradução de Guillon Ribeiro.

FEB editora
Livro espírita para um novo mundo
www.febeditora.com.br
@febeditoraoficial
@febeditora

Conselho Editorial:
Carlos Roberto Campetti
Cirne Ferreira de Araújo
Evandro Noleto Bezerra
Geraldo Campetti Sobrinho – Coord. Editorial
Jorge Godinho Barreto Nery – Presidente
Maria de Lourdes Pereira de Oliveira
Miriam Lúcia Herrera Masotti Dusi

Produção Editorial:
Elizabete de Jesus Moreira

Capa e Projeto Gráfico:
Fátima Agra

Normalização Técnica:
Biblioteca de Obras Raras e Documentos Patrimoniais do Livro

Esta edição foi impressa no sistema de Impressão pequenas tiragens, em formato fechado de 140x210 mm e com mancha de 100x170 mm. Os papéis utilizados foram o Off white 80 g/m² para o miolo e o Cartão 250 g/m² para a capa. O texto principal foi composto em fonte Georgia 11/14 e os títulos em Trajan Pro 50/60. Impresso no Brasil. *Presita en Brazilo.*